Hildegund Beimdieke
Der Himmel ist nicht mehr schwarz
Lebensgeschichten

Hildegund Beimdieke

Der Himmel ist nicht mehr schwarz

Lebensgeschichten

Hildegund Beimdieke
Der Himmel ist nicht mehr schwarz
Lebensgeschichten

Bestell-Nr. 271.062
ISBN 978-3-86353-062-4
Soweit nicht anders vermerkt,
wurde die folgende Bibelübersetzung verwendet:
Revidierte Elberfelder Bibel © 1985/1991/2008
SCM R.Brockhaus im SCM-Verlag GmbH & Co. KG, Witten

1. Auflage
© 2014 Christliche Verlagsgesellschaft, Dillenburg
www.cv-dillenburg.de
Satz: Christliche Verlagsgesellschaft Dillenburg
Umschlaggestaltung: Designbüro Oetjen,
www.designbuero-oetjen.de
Quelle Umschlagmotiv: H. Oetjen
Bild am Kapitelanfang: Schattenriss eines Bildes von
© rayjunk/Shutterstock
Fotos: S. 29 u. 53: Jasmin Graber, alle anderen: privat
GGP Media GmbH, Pößneck
Printed in Germany

Inhalt

Herzlichen Dank an alle,
die mir bereitwillig
aus ihrem Leben erzählt haben.

Vorwort

Das Ruhrgebiet steht für Veränderung, die fasziniert. Der Himmel ist wirklich blau geworden. Und in gewisser Weise wurde ich durch die Begegnungen mit den Menschen aus dieser Region, die mir von sich erzählten, auch verändert.

Begonnen hatte alles, als eine Oberhausenerin eines Tages den Eindruck hatte, sie sollte ihre Erlebnisse aufschreiben, um anderen Mut zu machen. Als ich sie an einem frostig kalten Nachmittag besuchte, um ihre Geschichte zu hören, nahm sie mich mit in eine andere Welt und mir wurde es warm ums Herz. Es war ihre Offenheit, die mich beeindruckte, und ich lernte, wie hart der Alltag im Schatten der Zechen einmal war, wie schwarz der Himmel. Immer mehr erkannte ich, was bewegt werden konnte, damit aus der ruß-verhangenen Region eine wunderbare Kulturlandschaft wurde – auch wenn sich heute neue Herausforderungen stellen. Darüber hinaus war es erfrischend zu erfahren, wie jemand aus dem Ruhrgebiet ausgerechnet in Spanien durch eine Gottesbegegnung sein tiefes Glück fand.

An diesem Nachmittag beschloss ich: Ich will mehr wissen über die Menschen von dort; wie sie leben, warum sie persönlich glauben und wie sie zu diesem Glauben fanden.

Existiert Gott? Woher wissen wir, dass er lebt? Es gibt sicherlich viele kluge Beweise für seine Existenz, aber ebenso eindrücklich, wenn nicht sogar überzeugender, sind die Erfahrungen von Menschen, die eine persönliche Begegnung mit Gott hatten und anschließend eine positive Lebensveränderung erfuhren, weil sie sich auf ihn einließen.

Ich durfte über den bekannten Unternehmer Dr. Heinz-Horst Deichmann schreiben, der aus Essen stammt, den Unternehmer aus dem Ruhrgebiet, der aus seiner christlichen Überzeugung nie einen Hehl gemacht hat. Und ich fand Menschen unterschiedlichen Alters und mit unterschiedlichen Berufen, die alle ursprünglich aus dem „Pott" kommen und die mir von ihren existenziellen geistlichen Erfahrungen in Krankheits- und Finanznöten erzählten, ohne Schwierigkeiten zu verschweigen. Was hat ihnen der Glaube wohl gebracht?

Immer wieder genoss ich es, wie ehrlich, authentisch und ungekünstelt es in unseren Gesprächen und in den Berichten zuging – da war nichts Aufgesetztes, wenn von Jesus die Rede war. So machte auch mich ihr Erleben neu dankbar. Der Himmel ist nicht schwarz – es gibt Veränderung und Leben ist mehr.

Der Himmel
ist nicht mehr schwarz

In Helga Kugelmeiers Kindheit prägten Bergbau, kleinste Verhältnisse und zum Teil bittere Armut das Ruhrgebiet. Die Menschen verdienten in harter Arbeit ihr Geld im Bergbau, förderten Kohle, atmeten Kohle. Riesige Industrieschlote verdunkelten den blauen Himmel und ihr Ruß setzte sich auf empfindliche Lungen. Eine tiefe Sehnsucht nach einem klaren Himmel beherrschte lange die Menschen in dieser dicht besiedelten Region im Westen Deutschlands.

Heimat Oberhausen! 1934, als Helga geboren wurde, war das Leben im Schatten der Zechen karg. In den Familien musste jeder ran. Malochen, sich fügen, sich für nichts zu schade sein war angesagt, um zu überleben. Zusammenrücken. Es half über vieles hinweg.

Die Männer trafen sich nach der Arbeit zur Entspannung mit dem Kumpel an der Trinkhalle oder in der Kneipe zum Kartenspielen. Solch ein Leben hat die Leute im „Pott" geprägt und sie zusammengeschweißt.

In Kugelmeiers bescheidenen Verhältnissen zu Hause – ihr Vater arbeitete bei den Stadtwerken – mussten außer der kleinen Helga noch zwei weitere Kinder satt werden. Damals wohnte man nicht so bequem wie heute, auch ihre Familie lebte auf wenigen Quadratmetern und es herrschte ein rauer Ton. Darüber hinaus war man im Vorkriegsdeutschland der Auffassung, dass Kinder auf keinen Fall verwöhnt werden dürften. Vielmehr ging man davon aus, dass den Jungen und Mädchen vor allem Disziplin und Achtung zu vermitteln sei, zu viel Zuwendung und Fürsorge würde dem Nachwuchs eher schaden.

Die Meinung der Kinder fand bei diesem Erziehungskonzept kein Gehör und in vielen Familien wurde jedes Aufbegehren, jeder Fehler mit herben Prügeln, strengem Hausarrest bestraft. Wer aus dieser Generation erinnert sich nicht an das berühmte „In der Ecke stehen"?! Natürlich litten die Kinder darunter. Oft sagte sich die kleine Helga den

11

Spruch vor: „Ich wollt, ich wär ein Elefant, so würde ich jubeln laut. Es geht mir nicht ums Elfenbein, nur um die dicke Haut."

Kein Wunder, dass viele junge Menschen in dieser Zeit mit Minderwertigkeitskomplexen heranwuchsen. Spürten sie doch, was oft unterschwellig im Raum stand: „Ihr Blagen seid nur Belastung." *Wehe, wir machen uns nicht ständig nützlich!,* schwebte über den Köpfen der Kinder jener Vorkriegsgeneration.

„Die häusliche Armut verbaute vielen die Chance, etwas zu lernen – so auch mir", erinnert sich Helga Kugelmeier. „In der Schule saß ich meist in der Ecke einfach nur da, ohne mich zu rühren. Dieses Schicksal teilte ich mit etlichen Schulkollegen. Wir in der letzten Reihe waren die sogenannten Habenichtse, die von zu Hause kein Geld für Handarbeitszeug bekamen. ‚Dafür haben wir kein Geld, Helga', pflegte meine Mutter auf meine Bitten zu antworten. Wenn ein Apfel kursierte, was als köstliche Süßigkeit und Delikatesse galt, durften wir Hinterbänkler nicht abbeißen. Stattdessen mussten wir zusehen, wie die Kinder aus den besseren Familien ihn sich teilten."

Wie man sich dabei fühlte – wen interessierte das? Ein elterliches Gespräch fand damals nicht statt, es gab niemanden, bei dem Helga

12

sich hätte ausweinen können. Ihre Mutter hatte durch den Verlust zweier Kinder selbst sehr viel Leid durchleben müssen, die häuslichen Umstände waren schwer und gaben ihr kaum Raum zur eigenen Entfaltung. Als Selbstschutz ließ sie viele Jahre keine Emotionen, keine Freude, kein Leid mehr an ihre Seele. Doch auch sie muss fragend gewesen sein, wie alles weitergehen sollte, sonst hätte sie wohl nicht einmal eine Wahrsagerin aufgesucht, um sich die Zukunft deuten zu lassen.

Gott spielte für sie keine tragende Rolle, obwohl Kugelmeiers zu den großen Feiertagen in die Kirche gingen, formale Gebete sprachen und nicht „gottlos" waren. Tiefere Fragen wurden aber keine gestellt, selbst den Tod nahm man einfach hin.

> Gott spielte keine tragende Rolle, obwohl die Familie zu den großen Feiertagen in die Kirche ging, formale Gebete sprach und nicht „gottlos" war.

Mutter und Kinder gingen oft auf den Friedhof, um auf der Bank die Sonne zu genießen, aber ernsthafte Gedanken über das Sterben und die Ewigkeit ließ keiner so recht zu. Die Gegenwart war wichtiger und erdrückender. Pflichten bestimmten das mütterliche Leben und auch für die Tochter schienen die Aufgaben klar festgelegt zu sein.

Zu diesen Aufgaben gehörte zum Beispiel, dass Helga Kugelmeier Zeitungen austragen musste. Für sie hieß das, bei Wind und Wetter schon zu Beginn ihrer Volksschuljahre manchmal um halb vier aufstehen und schon um acht zu Bett gehen zu müssen. *Hurra,* dachte sie, wenn die Zeitungen zuweilen zu spät kamen. *Heute kannst du eine Stunde länger schlafen.* Das bedeutete wiederum, dass sie zu spät zur Schule kam. Wie wunderbar, dass ihre Lehrerin wenigstens Verständnis für ihre Situation hatte.

Mit Kriegsbeginn 1939 und der Bombardierung der Städte kamen noch mehr Armut und sehr viel Leid über das Ruhrgebiet. Man lebte in ständiger Angst, und wenn Flugzeuge über Emmerich gemeldet wurden, hieß das für die Bewohner von Oberhausen: in die Bunker zurückziehen oder irgendeinen anderen Schutz finden. An Schulbesuch war bald nicht mehr zu denken. Die Schulen schlossen und die Infrastruktur im Ruhrgebiet litt immer mehr. Trotzdem ging das Leben weiter. „Unfassbar heute, dass Mutter und ich zwischen den Ruinen weiter Zeitungen austrugen. Man lebte mitten im Krieg. So konnte es geschehen, dass wir heute das Blatt

Man lebte in ständiger Angst.

14

bei einem Kunden vorbeibrachten und morgen nur noch verbrannte Erde bei ihm vorfanden", erzählt Helga Kugelmeier. Zu betäubender Angst gesellten sich bei den Menschen Hunger und Entbehrung, viele wurden sehr krank.

Mitten im Krieg schien Erleichterung für Kinder in Oberhausen in Sicht, und sie traten auf einmal eine Reise an, die bei der Schülerin Helga jedoch wenig Begeisterung auslöste: Mit der sogenannten Landverschickung ging es in Richtung Burgenland in Österreich, damit sie dort während der heftigen Kriegstage Unterschlupf finden konnten. Endlos zog sich die Fahrt von Oberhausen dorthin. Anschließend mussten die Schüler damals alle auf dem Marktplatz Aufstellung nehmen. Nun konnten sich Familien die Kinder aussuchen, die sie als Gast für Kostgeld bei sich aufnahmen. Helga Kugelmeier sah zu, wie ein Kind nach dem anderen eine Familie fand und mitgenommen wurde. Mit der Zeit lichteten sich die Reihen immer mehr; immer weniger Kinder standen noch da und bei ihr machte sich innerlich die bange Frage breit: *Interessiert sich denn keiner für mich?*

Schließlich stand das kleine Mädchen als Letztes dort, bis sich schließlich eine ungarnstämmige Familie ihrer erbarmte. Stoisch folgte sie den Fremden in ihre einfache Behausung, ohne etwas von ihrem Dialekt zu verstehen.

Helga Kugelmeier war hier im Burgenland zwar glücklicherweise nicht mehr den Bombardierungen ausgesetzt, aber die Verhältnisse entpuppten sich als weit erbärmlicher als zu Hause. Bei den Gasteltern lebte man quasi mit allen Tieren, Hühnern und Katzen unter einem Dach zusammen, was bedeutete, dass einem die Tiere auch bei den Mahlzeiten zwischen den Beinen herumliefen. Schmeckte dem Hausherrn etwas nicht, dann spuckte er es einfach vor die Füße der Vierbeiner, die es „entsorgten".

„Interessiert sich denn keiner für mich?"

„Mir machte dieses Umfeld große Angst. Zu dem unvorstellbaren Ekel, den ich dabei empfand, sollte bald unerträgliches Heimweh kommen. Ich schrieb an meine Mutter. Sie besuchte mich auch einmal, konnte aber nichts für mich tun. Stattdessen half sie schweigend der Familie mit Flickarbeiten. Zu meinem Leidwesen durfte ich auch nicht mit ihr zurück nach Oberhausen fahren, sondern musste in Österreich bleiben. Schließlich hatte meine Großmutter, vielleicht wider alle

16

Vernunft, Erbarmen und holte mich ins immer noch vom Krieg erschütterte Oberhausen zurück", erinnert sich Helga Kugelmeier.

Zu Hause waren unterdessen die Verhältnisse noch beengter geworden, denn die Mutter hatte einen sogenannten Kostgänger, einen Zechenarbeiter, aufgenommen. Für Essen und Bett gab es jetzt wenigstens seinen Anteil Braunkohle, die ihm als Grubenarbeiter zustand. Zusätzlich musste man hamstern gehen, um zu überleben, denn es waren viele Mäuler zu stopfen. Glücklicherweise sicherten treue Zeitungskunden das Überleben der Familie. Es waren herrliche Momente mitten im leidvollen und schrecklichen Kriegsalltag, wenn der Bäcker den Austrägern ein warmes Brot, der Metzger ihnen ein Stück Wurst zusteckte – auch wenn es anschließend mit vielen geteilt werden musste!

Wie schnell flogen die Kinderjahre im scheinbar endlosen Krieg dahin! Als eines Tages wieder Frieden herrschte, schleppte irgendjemand Helga Kugelmeier mit in die Kirche, weil es für sie Zeit zur Konfirmation sei.

Einen Beruf zu erlernen schien etwas für die besseren Leute zu sein und für jemanden, der wie sie aus bescheidenen Verhältnissen kam, unerreichbar. Wie gerne wäre sie

17

Friseuse geworden und hätte ein Instrument gespielt, doch die Mutter brauchte sie zum Zeitungaustragen. Immerhin durfte sie auf dem Klavier einer Kundin einige Klavierstunden nehmen. Dennoch blieb für sie als junges Mädchen die Welt unerträglich klein und eng, bestand sie doch nur aus Zeitungaustragen, arbeiten, Kostgeld abgeben, essen, zu Hause sitzen.

Wie gut, dass es Karl-Heinz, dem 21-jährigen Arbeiterjungen in der gleichen Mietskaserne, genauso erging – nur durfte er sich noch viel weniger erlauben als seine junge Nachbarin. Als er eines Tages bat, von seinem verdienten Geld als Arbeiter bei den Stadtwerken etwas behalten zu dürfen, um mit ihr ins Kino zu gehen, setzte ihn sein Vater kurzerhand verärgert vor die Tür. Wie gut für ihn, dass Vater Kugelmeier Erbarmen hatte und meinte: „Er kann doch bei uns in der Mansarde schlafen." Mit ihm gemeinsam durfte die Tochter endlich das Haus verlassen und erfuhr so etwas wie Freiheit. Zu zweit mit ihm konnte sie etwas unternehmen und auf diese Weise der häuslichen Enge entfliehen.

Bald wurden die beiden ein Paar und es schien ihnen irgendwie sinnvoll zu heiraten. Im Winter 1953, als Karl-Heinz 23 und Helga

19 Jahre alt waren, feierten sie dann Hochzeit mit kirchlicher Trauung und anschließender großer Feier in einer Gastwirtschaft.

Wenn auch die Braut nicht von großen Verliebtheitsgefühlen erfüllt zu sein schien, genoss sie es, auf eigenen Füßen zu stehen und eine neue Selbstständigkeit zu erleben. Dafür nahm sie gerne in Kauf, das erste Ehejahr noch in der elterlichen Wohnung verbringen zu müssen, wo die Mutter dem jungen Paar ihr Schlafzimmer zur Verfügung stellte. Wie sehr sie sich freuten, nach einem Jahr in eine eigene Wohnung in Oberhausen-Sterkrade ziehen zu können! Nach und nach wurden vier wunderbare Kinder geboren, wobei leider ein Sohn im Säuglingsalter am sogenannten Stickhusten verstarb. Kurze Zeit später durfte sie wieder ein Baby erwarten!

„In meiner Naivität bemerkte ich als junge Frau zunächst nicht, dass mein Mann vom Alkohol abhängig war."

Eines Tages dann der Schock: „In meiner Naivität bemerkte ich als junge Frau zunächst nicht, dass mein Mann vom Alkohol abhängig war. Ich kannte von zu Hause keinen Alkohol, konnte auch die Begleiterscheinungen eine Zeit lang nicht einschätzen. Ohnehin war der Geruch, den Karl-Heinz von Erdarbeiten und Rohrelegen mit nach Hause brachte, viel dominanter als eine Alkoholfahne. Ich wusste also erst nicht, was es zu bedeuten hatte, wenn er mit Übelkeit auf der Couch lag. Als ein Sanitäter mich aufklärte, den ich besorgt zu Rate gezogen hatte, weil es meinem Mann wieder einmal nicht gut ging, verstand ich", erzählt sie.

Irgendwann erfuhr sie, dass die Rohrleger der Stadt eine weitere Lohntüte von ihrem Arbeitgeber bekamen. Dieses Geld sollte es den Männern, die draußen arbeiteten, ermöglichen, ein Bier zu kaufen, wenn sie eine Gastwirtschaft aufsuchen mussten, um zur Toilette zu gehen. Und so war Helga Kugelmeiers Mann ein regelrechter Pegeltrinker geworden, der seine eigene Abhängigkeit auch nicht recht einzuschätzen vermochte. Er, der fleißige, zuverlässige Arbeiter, wurde nie laut oder aggressiv, aber Bier und Schnaps gehörten zu seinem Leben.

In den sogenannten Aufbaujahren nach dem Krieg mühte sich jeder nach Kräften darum, für sich und seine Familie bescheidenen Wohlstand zu sichern. Es schien, als würden die dunklen Angstwolken über dem Ruhrgebiet immer mehr abziehen, die Menschen atmeten auf. Neue Perspektiven eröffneten sich – auch für Helga Kugelmeier.

„Als ich eines Tages in der Zeitung von der Möglichkeit einer Ausbildung als Schwesternhelferin las, griff ich mit 32 Jahren zu und bewarb mich. Nach meiner Prüfung übertrug man mir bald nicht mehr nur einfache, sondern immer mehr verantwortungsvolle Tätigkeiten auf den Stationen. Zehn Jahre sollte ich in einem Ordenskrankenhaus tätig sein, davon sechs Jahre im Nachtdienst. Als jedoch in einer Nacht drei Menschen auf der Station starben, schien meine Tragkraft am Ende. Ich kündigte, verdiente in einer nahen ‚Wienerwald'-Gaststätte hinzu und ließ mich später als Altenpflegerin ausbilden", beschreibt sie die Jahre ihrer Berufstätigkeit im Ruhrgebiet.

Es schien, als würden die dunklen Angstwolken über dem Ruhrgebiet immer mehr abziehen.

Wie sehr die Kriegsgeneration im Ruhrgebiet die neue Zeit mit ihren Möglichkeiten genoss! Viele entdeckten die Reiselust und verbrachten im Pensionsalter mehrere Monate im Süden. Auch Helga Kugelmeiers Eltern, die sehr bescheiden gelebt hatten, flogen nach Mallorca und beschlossen, für einige Monate im Winter auf der Insel ein günstiges Hotelzimmer zu mieten, um das milde Klima zu genießen. Sie wurden weltoffen und genossen im lebhaften Stadtteil Arenal von Palma, der Hauptstadt von Palma de Mallorca, die Animation und Unterhaltung in den Hotels.

Eines Tages luden sie ihre Tochter ein, sie auf der Insel zu besuchen, und sie zeigten ihr die Sehenswürdigkeiten dieses wunderbaren Fleckchens Erde. Es wurden unvergessliche Tage. Die Insel Mallorca mit ihrem herrlichen Klima und der berauschenden Vegetation übte einen unglaublichen Reiz auf Helga Kugelmeier aus. Sie wollte nicht mehr weg von dort.

Eigentlich hielt sie auch nichts mehr in Deutschland. Ihre Kinder waren groß, und es schien ihr ohnehin nicht mehr möglich, mit einem trinkenden Mann zusammenzuleben. Auch wenn sie keine Scheidung anstrebte, so wünschte sie sich damals nichts mehr, als alles hinter sich zu lassen.

So entschloss sie sich eines Tages, in Spanien zu bleiben. *Du findest schon Arbeit. Du brauchst ja nicht viel,* machte sie sich in den Anfängen Mut. Doch das war leichter gesagt als getan, denn sie konnte froh sein, dass sie zunächst im Wohnwagen von Bekannten auf einer Pferdefarm unterkam. Ihren Lebensunterhalt verdiente sie mit Kellnern.

22

Eines Tages lernte sie den Spanier Damian kennen. Damian war Apotheker gewesen. Warum er diesen Beruf nicht mehr ausübte, darüber redete er nicht. Ihn schien ohnehin so manches Geheimnis zu umgeben. Die beiden verstanden sich auf Anhieb, auch wenn Helga Kugelmeiers Spanischkenntnisse eher begrenzt waren. Irgendwann muss sie ihm unbeabsichtigt durch ein sprachliches Missverständnis erlaubt haben, zu ihr zu ziehen. Jedenfalls stand er eines Tages mit seinem Gepäck vor der Tür. Schuldgefühle wegen ihres Verhältnisses hatten sie zu der Zeit beide nicht, weil die Beziehungen zu den jeweiligen Ehepartnern schon lange nicht mehr existierten. Auch waren dem Paar biblische Werte in tieferem Sinn weder bekannt noch gegenwärtig.

Vielmehr fühlte sich Helga Kugelmeier geborgen. Sie war froh, jemanden an ihrer Seite zu haben, der die spanische Sprache beherrschte und ortskundig war. Sie wusste: Im pulsierenden Arenal in Palma war Vergnügung angesagt, und als Einzelperson konnte man schnell „unter die Räder" kommen.

Das gemeinsame Glück blieb jedoch nicht lange von Bestand, da ihr spanischer Freund bald heftig an Parkinson erkrankte. „Dennoch schlugen wir uns schlecht und recht mit vereinten Kräften durch. Wieder war höchste Bescheidenheit angesagt und wir lebten quasi von der Hand in den Mund. Er kümmerte sich um den Garten, und ich brachte das Geld nach Hause, denn ich trug den Lesezirkel unter der deutschen Bevölkerung aus. Ich war also einmal mehr Zeitungsausträgerin geworden, um mich über Wasser zu halten", schildert sie diese Zeit.

Wie sehr sie sich darüber freute, dass eines Tages ihre Tochter nach Spanien kam, um in der Reisebranche zu arbeiten! Die junge Frau ließ sich schlussendlich in Fuerteventura nieder, weil sie dort ganzjährig Arbeit fand. Costa Calma! Welch wunderbare Insel, welch herrlicher Kräuterduft, welch herrliches Klima! Ein wahres Paradies! Und so beschloss Helga Kugelmeier, zusammen mit ihrem Freund in die Nähe ihrer Tochter zu ziehen.

In Fuerteventura stieß sie auf eine deutsche Kirchengemeinde, die sich in einem Gartenrestaurant traf. Diesen deutschsprachigen Gottesdienst besuchte Helga Kugelmeier. Früher hatten Kirchengebäude sie immer angezogen. „Ich erinnere mich, dass ich oft still und tief ergriffen dasaß. Der Gedanke an die Heiligkeit Gottes und seine Gegenwart ließen mir schon immer Schauer über den Rücken laufen", erinnert sie sich. Sie hatte ihre Kinder religiös zu erziehen versucht und oft das Gebet gesprochen: „Lieber Herr, mach mich fromm, dass ich in den Himmel komm." Doch war Gott für sie ein ferner Gott geblieben. In ihrem Herzen empfand sie zwar ein tiefes Sehnen nach ihm, aber sie wusste nicht, dass er den Menschen eine persönliche Beziehung anbietet.

In ihrem Herzen empfand sie zwar ein tiefes Sehnen nach Gott, aber sie wusste nicht, dass er den Menschen eine persönliche Beziehung anbietet.

Eines Tages besuchte sie eine Dame aus der Gemeinde. Sie brachte ihr christliche Literatur mit, in der erläutert wurde, wie man zu Gott findet. Darunter war der Kalender „Leben ist mehr".

„Als ich später auf dem Balkon saß, kramte ich wie aus einem Impuls die Schriften hervor und erlebte ein tiefes Angesprochensein von Gott. Ich las die Erklärungen aus der Bibel, dass wir in Gottes Augen Sünder sind, aber dass er uns trotzdem liebt und nicht aufgegeben hat. Ich begriff, dass Jesus für mich am Kreuz gestorben war, um mir diese Verbindung zu Gott zu schenken, und bat ihn um Vergebung aller meiner Sünden. Dabei war mir ein Mustergebet in einem der Bücher eine Hilfe, um mein Leben Jesus Christus anzuvertrauen", schilderte sie diese Erfahrung. Ein bis dahin nie gekannter tiefer innerer Frieden durchströmte anschließend ihr Herz. Trotz vieler offener Fragen wusste sie innerlich, dass sie den richtigen Schritt getan hatte.

Als sie einige Zeit später im Palmenwald spazieren ging, erfasste sie eine unbeschreibliche Welle des Glücks. Es war, als risse der Himmel auf – jener Himmel, der früher so schwarz über ihrem Leben gehangen hatte! Es wurde hell in ihrem Leben, denn sie spürte in ihrem Herzen: Jesus war bei ihr. Auch jene Sehnsucht nach ihm, die sie jahrelang in ihrem Herzen gespürt hatte, schien plötzlich verschwunden. Das hatte ihr also das ganze Leben lang gefehlt. Ja, das Leben war wirklich mehr geworden.

Sie spürte in ihrem Herzen: Jesus war bei ihr.

Gleichzeitig erwachte in ihr ein unglaublicher Hunger nach Gottes Wort. Sie wollte mehr über Jesus Christus erfahren, seinen Willen kennenlernen. So schloss sie sich jeden Tag in ihr Zimmer ein, um einen Abschnitt in der Bibel zu lesen. Neugierig geworden, sagte ihr Freund bald darauf zu ihr: „Du liest jeden Tag etwas. Ich möchte auch etwas lesen." Sie

26

machte sich also auf die Suche nach geeigneter christlicher Literatur für ihn und fand auf einem großen Flohmarkt die spanische Übersetzung von „Jesus unser Schicksal".

Doch wer konnte ihrem Freund Damian die vielen Fragen über den Glauben beantworten? In der deutschen Gemeinde fand sich niemand, der ausreichend Spanisch sprach, um ihm geistliche Zusammenhänge zu erklären. Andererseits war er viel zu krank, um einen Gottesdienst oder eine Kirche zu besuchen. Wie gut, dass schließlich der Kontakt zu einer spanischen Brüdergemeinde hergestellt wurde. Der Pastor dort erklärte Damian auf sehr verständliche Weise das Opfer Jesu und machte ihm Gottes Liebe deutlich. Bald darauf vollzog Damian eine bewusste Bekehrung zu Jesus Christus, und in Helga Kugelmeier wuchs der Wunsch, sich in dieser Gemeinde auf ihren neu erworbenen Glauben hin taufen zu lassen.

Vorher galt es jedoch noch einiges zu klären und entscheidende Schritte nach Gottes Willen zu tun. Als bekannt wurde, dass sie nicht mit ihrem Lebensgefährten verheiratet war, erklärte ihr Pastor sehr behutsam, wie die Bibel Gottes Plan für die Ehe beschreibt. „Der derzeitige Zustand ohne Trauschein war nicht richtig, das war mir bald bewusst. Wie aber sollte dies alles geregelt werden? Ich konnte den schwer an Parkinson erkrankten Mann nicht alleine lassen. Andererseits hatten wir uns beide nicht von unseren ersten Partnern scheiden lassen und konnten nicht einfach heiraten. Die Gemeinde trug mich im Gebet und so fand Damian in seinem letzten Lebensabschnitt Aufnahme in einem Altersheim, wo er bis zu seinem frühen Tod Hilfe und Pflege bekam", beschreibt Helga Kugelmeier.

Eines Tages bekam sie die Nachricht, dass der Mann, mit dem sie in Deutschland immer noch durch den Trauschein verbunden war, im Krankenhaus lag. Sie spürte, dass Gott sie anwies, sich um ihn zu kümmern, und so machte sie sich auf den Weg nach Oberhausen. Leider konnte er aufgrund seiner schweren Erkrankung das Krankenhaus nicht mehr verlassen. Aber sie durfte ihm noch weitergeben, was Jesu Liebe für sie bedeutete, und ihm Literatur anbieten.

Helga Kugelmeiers neue Glaubenserfahrung war so einschneidend, dass sie immer wieder versuchte, diese mit ihrem Umfeld zu teilen. Nicht selten begegnete sie dann derselben Gleichgültigkeit dem christlichen Glauben gegenüber, mit der sie selbst jahrelang gelebt hatte. Im Laufe der Zeit wurde ihr die Dringlichkeit der christlichen Botschaft für den Einzelnen immer bewusster. „Oftmals wurde ich zu Menschen gesandt, die, wie sich herausstellte, nur noch wenige Tage oder Stunden zu leben hatten. Weder mir noch ihnen war dies jedoch jeweils bewusst", sagt sie.

Gott schenkte ihr eine neue Lebensperspektive: nicht mehr nur „außen vor", das Mädchen von der letzten Reihe, ungeliebt, sondern bedingungslos geliebt und in Gottes Augen wertgeschätzt. „Und ich war nicht allein. Häufiger begegnete ich Menschen, die eine ähnliche innere Befreiung und Veränderung erlebten, weil sie ihr Leben Jesus Christus anvertraut hatten, was mich in meinem eigenen Weg sehr bestärkte. Heute, mit weit über 70 Jahren, darf ich so noch geistlich wachsen", meint sie.

Die Oberhausenerin Helga Kugelmeier ist vor geraumer Zeit aus Spanien zurückgekehrt und lebt heute in einem christlichen Seniorenheim.

29

„In meiner Verzweiflung schrie ich zu Gott"

Ein ICE donnert durch die Landschaft. Im Zug sitzen mehrere Hundert Menschen, die vom Mann im Führerstand erwarten, dass er sie sicher ans Ziel bringt.

Der Lokführer Martin Mallek gehört zu den Menschen, die ihren Beruf ernst nehmen. Für ihn war es schon immer wichtig, sich schwierigen Situationen zu stellen und voranzugehen. Als Junge stand der Sport im Mittelpunkt seines Lebens. Er liebte Kampfsportarten wie Ringen und Kung-Fu, auch wenn das Training über die eigene Leistungsgrenze hinausging. Bald bemerkte er, dass er damit jene Mitschüler schützen konnte, die bei Prügeleien stets den Stärkeren unterlagen. Kein Wunder, dass er zugleich beliebt und gefürchtet war.

Gegen Schulende stellte sich ihm die Frage nach der Berufswahl. In seiner Heimatstadt Dortmund gingen die meisten von seinen Freunden nun in die Zeche, um Bergmann zu werden. Und so nahm auch er sich eines Tages vor, ein Bergwerk in der Nähe anzuschauen. Als er frühmorgens zum Zechentor kam, war es noch dunkel, es regnete. Scharen von Männern mit schmutzigen Gesichtern begegneten ihm. Bald wusste er: *Nie wirst du in eine Zeche einfahren. Das ist nichts für dich.*

Glücklicherweise erkundigte sich wenig später sein Lehrer, ob er schon Arbeit gefunden hätte. Martin verneinte, erfuhr aber von dem Pädagogen, dass ein Bekannter von ihm eine Autowerkstatt besäße, die auch ausbildete. Bei der Vorstellung dort war der Empfang keineswegs freundlich, sondern der Chef gab dem jungen Mann klipp und klar zu verstehen: „Du kannst hier eine Lehre anfangen, aber wenn du nicht gut bist, dann fliegst du raus."

Erfreulicherweise machte ihm die Arbeit Spaß. Dennoch war der Druck auf die Lehrlinge zuweilen ungeheuer groß, da sie Werkstattaufträge weitestgehend selbst ausführen mussten. Selbst bei schwierigen Reparaturen standen sie meist allein, da den Gesellen –

31

vermutlich aus Kostengründen – kurz nach der Gesellenprüfung gekündigt wurde. Die Lehrjahre verliefen auch bei ihm wirklich nicht als Herrenjahre und sie brachten ihn oft an seine Grenzen. Am Ende war er dennoch froh, eines Tages den Gesellenbrief in den Händen halten zu können.

Mittlerweile hatte er eine Freundin, die er gerne heiraten wollte, und beide schmiedeten Pläne für die Zukunft. Ein Jahr nach ihrer Hochzeit kam das erste Kind zur Welt. Gleichzeitig reifte die Gewissheit, dass er mit seiner Anstellung in der Kfz-Werkstatt nicht dauerhaft seine Familie würde ernähren können. So entschloss er sich, eines Tages in der Abendschule die Mittlere Reife nachzuholen.

Mit diesem Abschluss in der Tasche konnte er sich anschließend bei der Deutschen Bahn bewerben, um nach einer dreijährigen Ausbildung und unzähligen Prüfungen Lokführer zu werden. Die unglaubliche Kraft von vielen Tausend PS, die Schnelligkeit, die Technik und die Eleganz mancher Züge faszinierten ihn. Er wusste, in einem doppelten ICE-3-Zug konnten circa 1.000 Menschen Platz finden, und er als Lokführer trug die Verantwortung, dass sie alle gesund ankamen. Eine Aufgabe, die sicherlich nicht nur schöne Momente hatte. Um ihrem Leben ein Ende zu bereiten, sahen manche Menschen in ihrer Verzweiflung den Zug als geeignetes Mittel. Meist hatte ein Lokführer dann keinerlei Chance, den schweren Zug anzuhalten, und konnte nur noch hilflos zuschauen, wie ein Menschenleben ausgelöscht wurde. Als Zeuge eines solchen Suizids durchlebt der Mann im Führerstand eines Hochgeschwindigkeitszuges Momente des Grauens. Als er später im Dienst eine derartige Situation selbst erleben musste, stellte sich Martin Mallek oft die Frage: "Dieser Mensch hat doch eben noch Gedanken, Gefühle, Erinnerungen gehabt – und jetzt ist er tot. Wo ist er wohl nun? Das kann doch unmöglich alles gewesen sein." Für einen Lokführer ging das Leben nach solchen traumatischen Augenblicken zwar weiter, doch zurück blieben Trauer, Zweifel und Fragen an Gott. Warum ließ er so etwas zu?

In einem doppelten ICE-3-Zug konnten circa 1.000 Menschen Platz finden, und er als Lokführer trug die Verantwortung, dass sie alle gesund ankamen.

Aber da waren auch die glücklichen Momente. Mittlerweile hatten Martin Mallek und seine Frau zwei Kinder. Verständlich, dass sich die Familie ein eigenes Haus wünschte. Seine

Frau Michaela verfolgte jeden Tag die Angebote in der Zeitung und eines Tages schien etwas Passendes gefunden zu sein. Eine Immobilie mit 120 m^2 für 180.000 DM stand zum Verkauf. Erwartungsvoll vereinbarten die Malleks bald darauf einen Termin, bei dem ihnen ein Bauunternehmer in seinem Büro Vertragsunterlagen vorlegte. Instinktiv spürte Martin, dass hier etwas nicht stimmen konnte. Andererseits war ihm die Dringlichkeit des Hauskaufs nur zu bewusst, da sie auch die Schwiegermutter bei sich aufnehmen wollten. Außerdem teilte seine Frau seine Bedenken nicht und gab ihm durch Zeichen deutlich zu erkennen, dass sie unbedingt unterschreiben sollten. Er wollte sie nicht enttäuschen und plötzlich ging alles ganz rasch.

Instinktiv spürte Martin, dass hier etwas nicht stimmen konnte.

„Wir kopieren alles noch einmal für Sie", sagte man ihnen kurz vor Vertragsabschluss und sofort verließ eine Angestellte mit ihren Unterlagen den Raum. Unglücklicherweise bemerkten Malleks nicht, dass die Dokumente kurz zuvor vertauscht worden waren. Ohne es zu wissen, unterschrieben sie nun vor den Augen eines Notars einen Vertrag, der nicht den Kauf des gewünschten Hauses, sondern nur den Erwerb einer Eigentumswohnung von 60 m² zum gleichen Preis besiegelte.

Erst zu Hause bemerkte das Ehepaar Mallek mit großem Schrecken, was passiert war. Zunächst beruhigten sie sich noch mit der Annahme, dass es sich wohl um einen Irrtum handeln müsse, der schnell zu klären sei. Ein sofortiger Anruf beim Bauunternehmer ließ jedoch keinen Zweifel, dass der Vertrag in dieser Form hieb- und stichfest war – auch ein Rechtsanwalt im Bekanntenkreis bestätigte dies. Fest stand, dass sie sich nun also in einer gewaltigen Notsituation befanden, denn wie sollten sie als vierköpfige Familie mitsamt Schwiegermutter in einer 60-m²-Wohnung leben?

Der junge Familienvater fühlte sich schwer betrogen und hätte sich am liebsten gerächt, auch wenn er diesen Gedanken sofort wieder verwarf. Unterdessen drehten sich auf der Suche nach Lösungen seine Gedanken im Kreis: „Wer kann uns noch helfen? Kein Gericht gibt uns bei dieser Vertragslage recht." An einem Abend schien die Verzweiflung bei Martin Mallek unermesslich groß. Wieder einmal hatte er intensiv gegrübelt, aber keine Lösung gefunden,

An einem Abend schien die Verzweiflung unermesslich groß.

35

wie es weitergehen sollte. *Du kannst es ja mal mit Beten versuchen*, kam es ihm da plötzlich in den Sinn.

Obwohl er bis dahin kaum über Gott nachgedacht hatte, ging er ins Schlafzimmer, legte sich auf das Bett, das Gesicht ins Kissen vergraben, und begann zu ihm zu rufen: „Wenn es dich wirklich gibt, dann musst du mir helfen!"

In diesem Augenblick geschah etwas Unbegreifliches. Als er Gott weinend seine Not schilderte, wurde ihm bewusst: *Du selbst bist hier das Problem, denn du hast gar keine Beziehung zu Gott.* Bisher hatte Martin Mallek wie die meisten Menschen in seinem Umfeld dem Glauben eher gleichgültig gegenübergestanden und sich mit dem Einwand beruhigt: *Wenn es Gott gäbe, dann würde es in der Welt anders aussehen.* An jenem Abend erfüllte ihn diese Haltung jedoch mit Scham, und er fragte sich: *Warum sollte Gott mir eigentlich helfen? Schließlich habe ich mich jahrelang nicht um ihn gekümmert und eigentlich nichts von ihm wissen wollen. Außerdem bin ich gar nicht gut genug für ihn.* Da fiel ihm plötzlich Jesus ein, von dem er als Kind des Öfteren gehört hatte, und auf einmal wusste er: „Er ist der

Du kannst es ja mal mit Beten versuchen, kam es ihm da plötzlich in den Sinn.

36

Schlüssel. Ihn muss ich anrufen und um Vergebung bitten."

Innerlich tief bewegt, bekannte er Jesus an diesem Abend seine Sünden und bat ihn, in sein Leben zu kommen. Eigentlich war er bis dahin kein besonders rührseliger Mann gewesen, aber jetzt kamen ihm in tiefer Rührung die Tränen. Merkwürdig: Trotz seiner materiell schwierigen Lage empfand er auf einmal eine unbeschreibliche Freude, tiefe Geborgenheit und Frieden in seinem Herzen – ein bis dahin nicht gekanntes Gefühl. Seine Lebensumstände waren die gleichen geblieben, aber plötzlich wusste er, dass ein wesentliches Problem in seinem Leben geklärt war, das ihn immer tief in seinem Inneren geängstigt hatte: die Angst vor dem Tod. Nun empfand er auf einmal in seinem Herzen die Gewissheit, später bei Gott im Himmel zu sein.

Als seine Frau Michaela kurze Zeit später vom Einkaufen nach Hause zurückkehrte, wollte er sie gerne an dem Erlebten teilhaben lassen, doch sie konnte seine Erfahrung nicht nachvollziehen und reagierte ablehnend. Martin dagegen wollte unbedingt mehr über Gott erfahren. Bald darauf fand er seine alte Konfirmationsbibel im Schrank und begann, darin zu lesen. Er verschlang die Texte regelrecht und konnte nicht aufhören. Was war das für ein unbeschreibliches Buch!

„Langsam begriff ich, dass ich durch meine Umkehr zu Jesus neues Leben von Gott, eine innere Wiedergeburt, geschenkt bekommen hatte", erinnert er sich. „Gottes Geist war da, um mich zu verändern und mir Kraft zu geben. Einige Zeit später erlebte ich auf einmal Gebetserhörungen – auch in der Hausangelegenheit." Dinge bewegten sich unerwartet und nach einiger Zeit waren Lösungen für die Probleme mit der Immobilie in Sicht.

Der Rechtsanwalt der Familie Mallek hatte weiter recherchiert und herausgefunden, dass gegen den Bauunternehmer, der ihnen die Wohnung verkauft hatte, mehrere Anzeigen wegen Betrugs bei der Staatsanwaltschaft vorlagen. Leider reichte die Beweislage nicht aus, um eine Anklage zu erheben. Doch schließlich einigte man sich außergerichtlich, und der Bauunternehmer erklärte sich bereit, die Malleks nach Zahlung eines relativ hohen Geldbetrags aus dem Vertrag zu entlassen. Diese stimmten zu, da ihnen dies die einzige Möglichkeit zu sein schien, die Immobilie loszuwerden.

Doch so erleichtert Martin Mallck über diese erbetene Lösung auch war, so sehr bedrückten ihn neue Sorgen und Konflikte im

Zusammenhang mit seinem Glauben. Sein neues geistliches Leben schenkte ihm zwar große Erfüllung, brachte aber auch familiäre Schwierigkeiten mit sich, da seine Frau sehr befremdlich darauf reagierte, dass Jesus Christus nun die zentrale Rolle in seinem Leben innehatte. Wie sehr Martin sich auch bemühte, ihr zu beweisen, dass sich in seiner Liebe zu ihr nichts verändert hatte, sein Glaube schien plötzlich zwischen ihnen zu stehen, und das machte die Ehe immer schwieriger.

Dinge bewegten sich unerwartet und nach einiger Zeit waren Lösungen für die Probleme mit der Immobilie in Sicht.

Er musste bald heimlich in der Bibel lesen und durfte im Beisein seiner Frau nicht mehr von Gott reden. Auch schienen alle Versuche zu scheitern, ihr begreiflich zu machen, welcher Gewinn der Glaube an Jesus auch für sie sein könnte. Sie stellte ihn schließlich sogar vor die Entscheidung: „Entweder dein Jesus oder ich." Aufgrund dieser Spannungen kam die Kommunikation des Ehepaares mit der Zeit ganz zum Erliegen und die beiden verständigten sich meist nur noch über Zettel. Schließlich schien eine Scheidung immer wahrscheinlicher zu werden, und wieder war er völlig ratlos und wusste nicht, wie es weitergehen sollte.

Weil er Stärkung brauchte und gerne Menschen kennenlernen wollte, die eine ähnliche geistliche Erfahrung wie er gemacht hatten, suchte er schließlich eine kleine christliche Gemeinde, in der er Menschen fand, die die Bibel ernst nahmen. Für jemanden, der wie er aus einem ganz anderen Hintergrund kam, war im Gemeindeleben und Gottesdienstablauf einer Freikirche zunächst vieles neu und ungewohnt. Mit der Zeit genoss er jedoch die Gemeinschaft und die sonntäglichen Treffen mit anderen Christen, denn ihr lebendiges Christsein zog ihn an.

Gerne wollte er auch anderen seinen Glauben weitergeben, der ihm so viel Veränderung und Freude gebracht hatte.

Gerne wollte er auch anderen seinen Glauben weitergeben, der ihm so viel Veränderung und Freude gebracht hatte. So organisierte er Büchertische mit christlicher Literatur, die regelmäßig auf dem Marktplatz und in der Fußgängerzone in Dortmund aufgestellt wurden. Eines Tages plante seine christliche Gemeinde eine Zeltmission in Bergkamen, um Menschen die Inhalte des christlichen Glaubens zu erklären und sie dafür zu gewinnen. Allabendlich führte der Referent in jenen Tagen aus, warum Jesus als Retter in diese Welt kam, warum er für

40

uns starb und wie wir in den persönlichen Besitz der Erlösung kommen können.

Eines Abends kam der Redner dann nach einer Veranstaltung auf Martin Mallek zu, um sich nach ihm und seiner Familie zu erkundigen. Dieser erzählte dem Mann von seinen Schwierigkeiten und seinem Wunsch, auch seine Frau für den Glauben zu gewinnen.

„Er hörte mir damals genau zu und bot an, uns am nächsten Tag zu besuchen. Eigentlich war mir das gar nicht so recht, denn ich wusste nicht, wie meine Frau reagieren würde. Doch er ließ sich nicht davon abbringen, und so sagte ich zögerlich zu. Wie ich das meiner Frau verständlich machen sollte, wusste ich allerdings in diesem Augenblick nicht, und so stellte ich mich innerlich schon auf Ärger ein", erinnert er sich. Doch zu seinem Erstaunen war Michaela nicht dagegen, sondern sagte: „Der soll nur kommen, ich werde ihm schon was erzählen."

Man kann sich vorstellen, dass Martin nun eine schlaflose Nacht erwartete, in der er viel betete. Schließlich rückte die Mittagszeit immer näher, und er fuhr mit beklommenem Gefühl los, um seinen Gast abzuholen. Als dieser dann die Wohnung der Malleks betrat, brachen seine freundlichen Worte und seine nette, demütige Art sofort das Eis. Michaela schien davon sehr angenehm überrascht, denn er machte keine Vorhaltungen, stattdessen lobte er ihre Kochkunst und ihre wohlerzogenen Kinder. Nachdem der freundliche Gast sich gegen Ende der Mahlzeit noch einmal ganz herzlich für das gute Essen bedankt hatte, fragte er Michaela Mallek, ob er sie persönlich sprechen dürfe. Dieser Austausch sollte für sie ein erster Anfang sein, über eine persönliche Beziehung zu Jesus nachzudenken.

Doch zunächst verbesserte sich das Klima im Haus Mallek nicht, stattdessen herrschte am nächsten Tag eine beklemmende Stille zwischen den Eheleuten. Schließlich rückte der Abend heran, und es wurde Zeit, zur Zeltveranstaltung aufzubrechen. Zu Martin Malleks Erstaunen erklärte sich seine Frau bereit, ihn zum abendlichen Vortrag zu begleiten.

Zurückhaltend betrat sie an seiner Seite das Zelt und hörte kurze Zeit später der Predigt zu. Die Worte sprachen sie so sehr an, dass sie darüber alles um sie herum zu vergessen schien. Was dieser Prediger sagte, sprach ihre tiefe Sehnsucht an, und so war sie wenig später fest entschlossen, ihr Leben Jesus Christus anzuvertrauen. Zweifel wichen der tiefen Überzeugung, dass Christus auch für ihre Schuld gestorben war.

Hatten Martin und Michaela Mallek zuvor noch vor der Scheidung gestanden, gab es durch den gemeinsamen Glauben nun ein neues Miteinander in ihrer Ehe und Familie. Gemeinsam besuchten sie jetzt die christliche Gemeinde, und gemeinsam beschlossen sie, ihr Leben nach der Bibel auszurichten.

Hatten Martin und Michaela Mallek zuvor noch vor der Scheidung gestanden, gab es durch den gemeinsamen Glauben nun ein neues Miteinander in ihrer Ehe und Familie.

Ihr gesamtes Familienleben nahm eine andere Richtung, denn auch ihre beiden Kinder, mittlerweile neun und zwölf Jahre alt, kamen zu Gottesdiensten und christlichen Veranstaltungen mit. Später vertrauten auch sie ihr Leben Christus an. Einige Verwandte und Kollegen folgten ebenfalls diesem Schritt und wurden Christen.

„Der Tag, an dem die Not mich beten lehrte und ich Christus begegnete, hat mein Leben und später das meiner Familie verändert", sagt Martin Mallek im Rückblick. „Die Notlage um einen Hauskauf war der Anlass gewesen, dass ich mich an Gott wandte, wodurch ich Jesus persönlich kennenlernte durfte. Ich musste

43

vielleicht diese Grenzerfahrung machen, um mich auf das zu besinnen, was wesentlich und heilbringend für unser Leben ist."

Beten und Gott zu suchen ist nach Ansicht von Martin nicht nur etwas für fromme Leute. Er selbst stand mitten im säkularen Leben, als er es wagte, sich Jesus anzuvertrauen. Heute hat die Beziehung zu Jesus Christus einen festen Platz in seinem Alltag: „Für mich ist Beten inzwischen fester Bestandteil meines Alltagslebens geworden. Immer bete ich um Schutz, wenn ich Menschen im Zug transportiere. Und ich bringe Gott auch alle meine Trauer und Verzweiflung, wenn ich miterleben muss, wenn ein Mensch lebensmüde auf den Gleisen liegt. Ich weiß: Gott existiert, und er trägt mich durch wie ein Vater, auch wenn ich nicht auf alles eine Antwort weiß", meint Martin Mallek, und man spürt ihm ab, dass er davon überzeugt ist.

Martin Mallek aus Dortmund: hier an seinem Arbeitsplatz im Cockpit eines Zugs.

„Wenn mein kleines Büchlein erzählen könnte ...“

Geschenke sind etwas Wunderbares. Leider geraten viele Aufmerksamkeiten schnell wieder in Vergessenheit, manches ist eher unnötig und manchmal bedauert man insgeheim die gut gemeinte Investition. Karl Paprotta bekam jedoch im Alter von 14 Jahren ein Büchlein geschenkt, das ihm viele Jahre eine Kraftquelle sein und über Jahre zu einem Begleiter werden sollte. Selbst in den schlimmsten Stunden, als er weit weg von zu Hause traumatische Erfahrungen machen musste, durfte er es aufschlagen und erleben, wie es in seine Lebenssituation hinein redete. Wenn sein kleines Büchlein erzählen könnte, was es auf Karls Gang durch das Leben in seinem Gepäck alles erlebte, es wären spannende Geschichten.

Der Name Paprotta, der im Polnischen „Farnkraut" heißt, lässt ahnen, dass die Wurzeln des alten Mannes im Osten Europas liegen. Karl Paprottas Eltern stammten nämlich beide aus dem wunderschönen Ostpreußen und die Großeltern lebten nicht weit von der polnischen Grenze entfernt. Zur Jahrhundertwende gab es dort nur begrenzte Möglichkeiten, Geld zu verdienen, sodass viele aus dieser Region und aus Polen schweren Herzens ihre Heimat verließen, um in der großen Industrieregion an Rhein und Ruhr mit ihren Zechen und Stahlwerken ihr Auskommen zu finden. Auch Karls Eltern kamen in Gelsenkirchen in Lohn und Brot und die sieben Kinder der Familie erblickten alle dort das Licht der Welt.

Der Vater, der sehr fleißig und stets um seine Familie bemüht war, hatte als junger Mann jedoch ein Alkoholproblem.

Der Vater, der sehr fleißig und stets um seine Familie bemüht war, hatte als junger Mann jedoch ein Alkoholproblem. Dies sollte sich glücklicherweise ändern, als er eines Tages Kontakt zu Mitarbeitern des Blauen Kreuzes bekam, die ihn regelmäßig besuchten. Das Blaue Kreuz nahm 1877 seinen Anfang in der Schweiz; der erste deutsche Blaukreuz-Verein wurde dann 1895 durch den Berner Pfarrer

46

Arnold Bovet in Hagen gegründet. Die Männer und Frauen, die sich in dieser Arbeit einbrachten, verglichen sich mit „Krankenträgern, die sich auf den Kampfplatz des Lebens begeben, um die Opfer der Trunksucht und des Wirtshauslebens zu retten".

Paprotta senior hörte durch die Arbeit dieser engagierten Männer und Frauen mit dem Trinken auf, der Alltag der Familie wurde ein anderer. Vaters Wende veränderte nicht nur ihn persönlich, sondern erwies sich ebenso als Segen für Frau und Kinder. Immerhin stand jetzt mehr Geld zur Verfügung, weil der Vater es nicht mehr sinnlos für Alkohol ausgab. Gemeinsam besuchte die Familie von nun an die Blaukreuz-Stunden am Sonntagnachmittag und morgens gingen alle in die evangelische Kirche. Karl Paprotta und seine Geschwister bekamen darüber hinaus die Möglichkeit zum Besuch des sogenannten Hoffnungsbundes, der Kinder- und Jugendarbeit des Blauen Kreuzes. Hier hörten sie nicht nur von den Gefahren des Alkohols, sondern auch spannende Geschichten von Jesus.

Als die Eltern und Geschwister eines Tages wegen eines Unfalls und der Frühberentung des Vaters nach Ostpreußen zurückkehrten, ging der junge Karl dort im Ort Therwisch

47

freudig zur Konfirmation. An solch einem Tag erhielten die Konfirmanden traditionell Geschenke, auch wenn sie im Gegensatz zu heute bescheiden ausfielen. Für ihn hatten die Brüder Geld zusammengelegt, um ihm ein kleines Neues Testament zu schenken. Er sollte ihnen immer dafür dankbar sein, denn im Laufe seines Lebens zog er daraus seine Kraft. Schließlich begleitete es ihn von nun an in manch schwerer Zeit. Das galt ebenso für den Konfirmationsspruch: „Glaubt an das Licht, solange ihr's habt, damit ihr Kinder des Lichtes werdet" (Johannes 12,34–36; Lut).

Trotz seines jungen Alters nahm Karl Paprotta sich fest vor, auf Christus zu vertrauen und bei ihm zu bleiben, obwohl diese Entscheidung im Laufe seines Lebens des Öfteren geprüft wurde. Später bekannte er noch einmal bei einer Zeltmission, dass er Sünder war und Jesus brauchte, aber seine Konfirmation war für ihn ein bewusster erster Schritt zum ernsthaften Christsein.

Bald nach seiner Konfirmation kehrte seine Familie erneut ins Ruhrgebiet zurück und Karl Paprotta musste sich für einen Beruf entscheiden. Allgemein gab es zu jener Zeit kaum Ausbildungsplätze, sodass ihm nach Rat des Arbeitsamtes nichts anderes übrig blieb, als in Ostwestfalen eine Stelle auf einem Bauernhof anzunehmen.

Bei einer zweiten Stelle auf einem Hof im ostwestfälischen Rotenhagen bei Bielefeld kam er mit dem CVJM in Berührung. Als junger Mann war ihm damals durchaus bewusst, dass er Gelegenheiten suchen musste, immer mehr von Jesus zu hören und zu erfahren, wenn sein Glaube lebendig sein sollte. „Wie schön war es daher, dass der Bäckermeister Nolte uns junge Männer wöchentlich aufsuchte und uns eine Jugendstunde hielt", erzählt Karl. „Als Mitglied des CVJM erhielt ich nun eine Trompete, und so öffnete ich abends einfach das Fenster und blies von meiner Kammer, die über der Häckselkammer lag, ein paar Choräle in die Gegend."

Trotz seines jungen Alters nahm Karl Paprotta sich fest vor, auf Christus zu vertrauen und bei ihm zu bleiben.

Nach 1935 zogen finstere Kriegswolken am politischen Himmel Deutschlands auf und die jungen Männer erhielten ihre Einberufungsbefehle. Karl Paprotta wurde der leichten Artillerie zugewiesen, weil aber zu viele in seiner Einheit waren, durfte er zunächst wieder heimkehren, um dann kurze Zeit später zum Sanitätsbataillon zu kommen. Sein kleines

Neues Testament landete im Gepäck und begleitete ihn in die Kaserne. Dort verbarg er es meist unter seinem Kopfkissen, um jederzeit darin lesen zu können.

Hitler erklärte 1939 Polen den Krieg und Karl tat als Soldat nun Dienst als Beifahrer in Sanitätsfahrzeugen. Viele schlimme Bilder und Schicksale gruben sich jetzt tief in seine Seele ein. Generell erlebten die Menschen damals eine Zeit sinnlosen Mordens mit oft schweren Verletzungen an Leib und Seele.

Viele schlimme Bilder und Schicksale gruben sich tief in seine Seele ein.

Da er in Wawer und Amin am Rand von Warschau stationiert war, besuchte er eines Tages mit Freunden das Warschauer Ghetto und wurde Zeuge der dort herrschenden menschenunwürdigen Umstände, die für einen Christen nur sehr schwer zu ertragen waren. Auf ihr Nachfragen bei den Vorgesetzten, was denn hier vor sich ginge, erhielten die jungen Soldaten kaum eine Antwort. Dann sahen sie kurze Zeit später mit Erschrecken über dem Ghetto Rauch aufsteigen und hörten das offene Bekenntnis eines Offiziers, dass man beabsichtigte, die Juden zu vernichten. Bestürzt zog sich Karl Paprotta an jenen Tagen in einen Park in Warschau zurück und holte sein

50

Neues Testament hervor, um darin Trost und Hilfe zu finden.

Zu diesem Zeitpunkt wusste er nicht, dass sein junges Leben noch lange von Schrecken begleitet sein sollte. Schlimme Jahre folgten, denn in russischer Gefangenschaft lebten die Soldaten in ständiger Todesnähe und am Rande des Verhungerns. Doch wie so oft erfuhr er auch hier Gottes Schutz. Er spürte: Gott hatte ihn nicht vergessen. Darüber hinaus bedeutete es für ihn eine Stärkung für seinen persönlichen Glauben, wenn gelegentlich ein Pfarrer kam, um im Lager die Andacht zu halten. Mit schlichten Mitteln feierten die Soldaten dann das Abendmahl und man sang miteinander. Eines Tages geschah das Wunder: Der junge Mann wurde aus der Gefangenschaft entlassen, um zurück nach Deutschland transportiert zu werden.

Verständlich, dass Karl Paprotta 1949 bei seiner Ankunft im Sammellager Friedland als Erstes überwältigt an einer Holzbank niederkniete, um Gott für seine Heimkehr zu danken. Von Herzen sangen damals viele Rückkehrer das Lied mit: „Lobe den Herren." Ja, der gnädige Gott hatte wirklich in großer Not Flügel über sie gebreitet.

Wie hat Karl das alles durchgestanden? „Wie durch ein Wunder hat mir während der ganzen Kriegszeit niemand das Neue Testament abgenommen, und so hatte ich immer wieder Zugang zu Gottes Wort, dessen Verheißungen mich stärkten und durch schwere Zeiten trugen", berichtet er.

„Wenn wir Jesus gefunden haben, sein Wort lesen und beten, heißt das nicht, dass unser Leben heiter und ohne Probleme verläuft, aber wir stehen nicht ohne Hilfe da."

Als sogenannter Spätheimkehrer fand er bald nach seiner Rückkehr ins Ruhrgebiet eine gute Anstellung in einem Stahlwerk. Wieder bedeutete das Blaue Kreuz für ihn Heimat, und so nahm er jedes Jahr eifrig an Freizeiten teil. Natürlich war dies eine willkommene Möglichkeit der Begegnung mit Gleichaltrigen und nicht wenige junge Leute fanden hier ihren Lebenspartner. Als Karl Paprotta mit 30 Jahren seine Frau heiratete, die wie er an Jesus zu glauben schien, meinte er, das große Glück gefunden zu haben. Sie bekamen eine große Familie und er blickte positiv in die Zukunft. Doch eines Tages sollten sich während einer Krankheits- und Abwesenheitsphase die Dinge gegen ihn wenden und seine Ehe zerbrach.

„Es folgten harte Jahre, aber der Herr schenkte mir dennoch Kraft. – Wie anders

52

hätte man es durchhalten können? Es lohnte sich, in diesen Zeiten der Verzweiflung weiter in seinem Wort Kraft zu suchen", meint er dazu. Aber er weist auch darauf hin, dass ihn das Gebet und die Gemeinschaft im Blauen Kreuz und mit anderen Geschwistern stärkten. „Wenn wir Jesus gefunden haben, sein Wort lesen und beten, heißt das nicht, dass unser Leben heiter und ohne Probleme verläuft, aber wir stehen nicht ohne Hilfe da. Doch im Vertrauen auf ihn schaffen wir es, mit den Problemen zu leben. Die Bibel ist wirklich ein einzigartiges Geschenk, weil sie allein uns den Weg zum ewigen Leben aufzeigt. Sie hilft mir persönlich, mich bereit zu machen, Gott zu begegnen", bekräftigt der inzwischen hochbetagte Mann.

Karl Paprotta: Der Gelsenkirchener genießt seinen Lebensabend in einem christlichen Seniorenheim

„Gott wird mich nicht fragen, wie viele Schuhe ich verkauft habe ..."

Elegante, bezahlbare trendige Schuhe, ansprechende Läden in den modernen Einkaufszeilen der großen Städte. Deichmann und die Schuhe der Kette kennt nahezu jeder. Prominente sind sich nicht zu schade, dafür zu werben. Doch der langjährige Firmenleiter Dr. Heinz-Horst Deichmann weiß ebenso um die andere Seite des Lebens: die, die geprägt ist von Armut und Not. Die Augen hat er nie davor verschlossen, denn als junger Mann wollte er nach einer schweren Kriegsverwundung Arzt werden und nach Übersee gehen. Über Umwege setzte er den Plan später auch in die Tat um. Seine spannende Geschichte ist die eines Arztes und Unternehmers, dem es gelingt, das Schuhgeschäft seines Vaters zur größten Schuhhandelskette

Europas auszubauen. Dabei betont er, dass er in vielerlei Hinsicht als Christ und Unternehmer eine Menge von seinem Vater gelernt hat.

Den Grundstein für das heutige Unternehmen mit rund 3.300 Filialen in 24 Ländern legte in der Tat der Urahn des Hauses Deichmann, Heinrich Deichmann, mit seinen Werten und seinem Laden in Essen Borbeck, Borbecker Straße 77. Vater Deichmann las jeden Tag aus der Bibel vor, denn er betrachtete es als Gottes Wort und Gott als einen liebenden Vater. Immer wieder betonte er, dass Gott aus Liebe seinen Sohn sandte, um uns durch seinen Kreuzestod zu retten, und setzte sein ganzes Vertrauen auf diese Tatsache.

Darüber hinaus erlebten seine Kinder schon früh in einer kleinen Freikirche lebendiges gottesdienstliches Leben mit Sonntagsschule und geistlicher Gemeinschaft und sahen im Alltag praktizierte Nachfolge. Sie wurden nicht nur von den Eltern mit zu den Veranstaltungen genommen, sondern der Vater sprach auch mit ihnen eingehend über den Glauben. Aber nicht nur mit ihnen. Ohne Scheu gab er im Laden davon Zeugnis und verbarg seine Einstellung nicht vor Stammkunden, Angestellten und Vertretern. Obwohl Familie Deichmann zu jener Zeit selbst keinen Reichtum besaß, gehörte es zu ihrem Leben dazu, soziale Verantwortung zu tragen. Der Besuch von Alten und Kranken galt somit als selbstverständlich – u. a. an Weihnachten. Dabei begleiteten die Kinder den Vater häufig, wenn er zu den Feiertagen zu Bedürftigen ging, und wurden gebeten, etwas von ihrem Weihnachtsteller beizusteuern.

Zuweilen verlangte diese Fürsorge um den Nächsten dem Vater viel Mut und Opferbereitschaft ab. Als in den schlimmen Tagen des Nationalsozialismus der Judenhass um sich griff, hielt er dennoch weiter Kontakt zu seinen jüdischen Nachbarn in Essen am Borbecker Markt und versuchte, ihnen im Rahmen seiner bescheidenen Möglichkeiten zu helfen. Obwohl die Gestapo schon auf ihn aufmerksam geworden war, suchte er weiter die jüdischen Mitbürger auf, um sie mit Versen aus dem Alten Testament zu trösten. In dieser Zeit waren auch viele Christen Repressalien ausgesetzt.

Zum Beispiel wurde seine christliche Gemeinde angewiesen, sich einem größeren Gemeindebund anzuschließen, weil sie so besser kontrolliert werden konnte. Alle, die sich aus Gewissensgründen dem politischen Druck nicht beugen wollten, trafen sich anschließend in Heinrich Deichmanns Haus zur Bibelstunde.

Dieses ernsthafte Christsein bremste aber keineswegs die Geschäftstüchtigkeit des Firmengründers. Unternehmerisch stellte er erste Weichen, die auch später das Unternehmen prägten, denn ständiger Dienst am Kunden, Mut und Fleiß bestimmten den Tagesablauf der Eltern. 1936 gründete er das erste große Schuhgeschäft am Borbecker Markt in Essen.

Zuweilen verlangte diese Fürsorge um den Nächsten dem Vater viel Mut und Opferbereitschaft ab.

Man befand sich mit dem Schuhladen hier mitten im Ruhrgebiet, und das verlangte ein gewisses Engagement, musste man doch berücksichtigen, dass die Kundschaft im damaligen Deichmann-Laden vorwiegend aus Bergleuten bestand, auch hatten viele Menschen damals in dieser Region nur wenig Geld zur Verfügung. Trotzdem, der Kunde war dort König, und man mühte sich nach Kräften, den Kumpels robuste und preiswerte Schuhe anzubieten. Zusätzlich investierte der Vater in Maschinen, mit denen das Schuhwerk günstig und schnell zu reparieren war. Auf diese Weise fanden erste bezahlbare industriell gefertigte Schuhe Aufnahme im Sortiment.

Sohn Heinz-Horst, der 1926 geboren wurde, sog also schon in seiner Kindheit den Duft von Leder quasi mit der Muttermilch ein. Schuhe gehörten zu seinem Alltag, denn in jener Zeit diente die Wohnung schon mal als Lager.

Bei aller Wertschätzung seinem Vater gegenüber, den christlichen Glauben seines Elternhauses hat er nicht einfach übernommen, meint Dr. Deichmann. Für ihn kommt der Glaube eindeutig aus der Predigt und jeder muss persönlich auf das Reden Gottes antworten. Er selbst hatte in sehr jungem Alter, mit elf Jahren, den Mut, dies zu tun. Regelmäßig wurde ja in seiner Gemeinde die Bibel gelesen und die Frohe Botschaft verkündigt, dass Gott seinen Sohn gesandt hat, um uns nahe zu kommen. Eines Tages fühlte er sich persönlich in einer Predigt angesprochen. Der junge Heinz-Horst Deichmann wandte sich damals im direkten Gebet an Jesus Christus und bat ihn, sein Leben neu zu machen.

Sohn Heinz-Horst, der 1926 geboren wurde, sog also schon in seiner Kindheit den Duft von Leder quasi mit der Muttermilch ein.

Später hat er in seinen Vorträgen diese Entscheidung oft thematisiert und erläutert, was es bedeutet, wenn jemand diesen Schritt zu Gott hin wagt und den Zusagen der Vergebung in der

58

Bibel vertraut. Auf einer Tagung internationaler Geschäftsleute (IVCG) sagte er einmal: „Jesus Christus ist das Wort der Versöhnung. Er möchte uns in ein neues Leben führen, er möchte eine neue Kreatur aus uns machen. Nur der Schöpfer, nur Gott, kann das tun. Er möchte, dass unser Leben verändert wird, weg von der Selbstsucht, von den Zwängen, von der Furcht, auch von der Todesfurcht. Christus ist für uns gestorben, unser Tod ist im Tode Christi aufgehoben. Christus ist für uns auferstanden. Wir leben mit ihm. Er ist der Erste der Entschlafenen, der auferweckt worden ist. Wir fürchten den Tod nicht. Wir leben, weil der Geist Gottes jetzt schon als Angeld (2. Korinther 1,22) in uns ist."

Jeder muss persönlich auf das Reden Gottes antworten.

Wie ging es nach seiner frühen Bekehrung weiter? Schon in seiner Kindheit musste er Lasten tragen. Als er 13 Jahre alt war, starb der Vater an einem Schlaganfall. Daraufhin entschied sich Heinz-Horst Deichmann, im Laden Verantwortung zu übernehmen und dort nach der Schule der Mutter zu helfen.

Drei Jahre später, als er 16 Jahre alt war, holte ihn die Kriegsmaschinerie Nazideutschlands ein. Zusammen mit seinen Klassenkameraden wurde er als Sekundaner gemustert und er kam zu den Flakhelfern. Quasi in den letzten Tages des Krieges, im Jahr 1945, schickte man ihn mit 19 Jahren noch zum Infanterieeinsatz bei Angermünde an der Oder, wo er durch Beschuss schwer verletzt wurde. Ein Granatsplitter traf ihn von hinten, streifte die rechte Schulter, drang wenige Millimeter an der Halsschlagader vorbei in den Hals ein und blieb neben dem Kehlkopf stecken.

Diese Augenblicke könnte man als Schlüsselerlebnis der Berufung von Heinz-Horst Deichmann bezeichnen, denn er traf damals eine wichtige Lebensentscheidung. In diesen Minuten am Rande des Todes wurde ihm plötzlich deutlich, dass er in Gottes Hand geborgen war. Sollte ihm das Leben noch einmal geschenkt werden, dann wollte er es einsetzen, um anderen zu helfen. So begann er zu beten: „Gott, du hast die Kraft, bring mich hier raus." Konfrontiert mit Lebensbedrohung und Elend kam damals das erste Mal die Überlegung: *Ich könnte Missionsarzt werden.*

> In diesen Minuten am Rande des Todes wurde ihm plötzlich deutlich, dass er in Gottes Hand geborgen war.

Das Wunder geschah! Heinz-Horst Deichmann überlebte, und es gelang ihm, sich in

60

diesen Kriegstagen bis nach Hamburg durchzuschlagen, wo er in einem Diakonissenhaus Hilfe fand, sodass er anschließend den langen Weg nach Essen Borbeck antreten konnte.

Zu Hause im Ruhrgebiet litten die Menschen in jener Zeit Mangel. Auch die Nachkriegsnot stellte das kleine Schuhgeschäft in Essen Borbeck vor Herausforderungen. Um sie zu lindern, richtete Heinz-Horst Deichmann eine Tauschbörse für gebrauchte Schuhe ein und fertigte aus Pappelholz und Fallschirmgurten Schuhwerk an.

Doch obwohl Schuhgeschäft und Schuhmacherhandwerk bereits den Alltag der Deichmanns bestimmten und Heinz-Horst mit all seinen Kräften im Geschäft gebraucht wurde, erwartete seine Familie erstaunlicherweise keine Handwerkerlaufbahn von ihm. Vielmehr ermöglichte man ihm eine höhere Bildung. Heinz-Horst Deichmann durfte die Oberschule in Essen besuchen, die er später mit dem Abitur abschloss. Auch strebte er trotz des großen Engagements für das elterliche Geschäft ein Studium an.

So schrieb er sich bei der Universität Bonn ein, um dort Medizin zu studieren. Nebenbei hörte er auch Theologie. Er, der die Bibel kannte und liebte, sah plötzlich in der

Dogmatikvorlesung des berühmten Karl Barth das eigene Bibelwissen in einen größeren Zusammenhang gestellt. Besonders den Tenor der Barth'schen Theologievorlesung, dass Gott seinen Bund mit Israel nicht aufgehoben hatte, konnte er nur unterstreichen. Dieser Gedanke war Heinz-Horst Deichmann vertraut, denn zu Hause hatte er entgegen der damals herrschenden Meinung, dass Israel keine Bedeutung mehr habe, immer die alttestamentlichen Verheißungen für Gottes Volk gehört.

Mit der Zeit faszinierte ihn jedoch der Fachbereich Medizin immer mehr. Durch seinen unglaublichen Fleiß konnte er bald das Medizinstudium abschließen. Er promovierte und arbeitete mit großer Freude als Orthopäde in Düsseldorf. 1956 kam dann die Rückkehr in das elterliche Geschäft, das er im Laufe der folgenden Jahre zu einem internationalen Unternehmen aufbaute.

Anlässlich einer Indienreise 1976 gewann schließlich das in der Not gegebene Versprechen, als Missionsarzt zu wirken und den Menschen Gottes Liebe zu bringen, wieder an Aktualität. Die Leprakranken berührten sein Herz. Er reiste erneut nach Indien, half, predigte, packte an, damit die Menschen eine Lebensperspektive bekamen und Angst und

Sklaverei hinter sich lassen konnten. Kinder, die einst den ganzen Tag unter brütender Sonne in Steinbrüchen hatten arbeiten müssen, erhielten nun Zugang zu Bildung und Fürsorge.

1977 gründete Dr. Deichmann das Hilfswerk „Wort und Tat". Notleidende Menschen in Indien, Tansania, Moldawien und Griechenland bekamen auf diese Weise im Laufe der Jahre vielfältige Hilfe. Unzähligen Bedürftigen konnte inzwischen geholfen werden. Die Ärmsten der Armen erhielten durch das Werk ganz praktische Versorgung mit vielfältigen Hilfsangeboten im sozialen und medizinischen Bereich – getreu dem Motto: „Gott liebt die Menschen. Wir zeigen es ihnen – in Wort und Tat!" Anliegen ist es bis heute, Verzweifelten eine Perspektive zu geben, und so erreichte die Unterstützung zum Beispiel Aidswaisen und Kinder von Strafgefangenen und Selbstmördern. Mit Deichmanns Hilfe wurden Brunnen gebohrt, Arme gespeist, Augen operiert. Darüber hinaus konnten Menschen in Deutschland gewonnen werden, sich der Initiative von „Wort und Tat" anzuschließen, indem sie für Projekte spendeten und Patenschaften übernahmen.

Dennoch sollten die Menschen in diesen Gebieten nicht gänzlich abhängig werden; alle Hilfe versteht sich als Beitrag zur Selbsthilfe.

Im Geschäftsleben hat Dr. Deichmann ein außerordentlich gutes Gespür für den Markt bewiesen. Obwohl schöne Schuhmode seinen Alltag bestimmte und es ihm in seinem langen Berufsleben große Freude bereitete, Kunden mit schönen und preiswerten Schuhen zu versorgen, verschloss er sich dennoch nie vor Not und Armut – auch nicht in der eigenen Heimatstadt. Wenn er sich berufen fühlte, an einer Stelle zu helfen, ergriff er unternehmerisch Initiative und bewegte etwas. Manche nennen ihn daher zu Recht Missionar und Marketingprofi. Dabei überwiegt bei ihm selbst die Dankbarkeit, durch das eigene Unternehmen in der Lage sein zu können, in vielen Gebieten der Erde in Verbindung mit einheimischen Missionsgesellschaften und Pastoren etwas gegen Hunger, Todesangst und Perspektivlosigkeit tun zu können.

Wichtig ist, was über dieses Leben hinaus Bestand hat.

Schließlich lautet einer seiner Lieblingsverse in der Bibel: „Macht euch Freunde mit dem ungerechten Mammon" (Lukas 16,9). Ein anderer Leitsatz des erfolgreichen Unternehmers ist ein Ausspruch von

Horaz: „Das Geld ist ein guter Diener, aber ein schlechter Herr."

Für ihn zählt, was über dieses Leben hinaus Bestand hat – das Unvergängliche. Seine Schuhmode wechselt zwar jede Saison, aber ihm liegt vor allem am Herzen, dass Menschen etwas besitzen, das in der Ewigkeit Wert hat. Und so ist es verständlich, dass eine Aussage von ihm lautet: „Gott wird mich nicht fragen, wie viele Schuhe ich verkauft habe, sondern ob ich das Evangelium verkündigt habe."

Recherchiert wurde mit freundlicher Genehmigung auf der Internetseite der Firma Deichmann
http://www.deichmann.com/PT/pt/corp/downloads/Chronik_deichmann_D_300311.pd
Heinz-Horst Deichmann: „Mir gehört nur, was ich verschenke", SCM R.Brockhaus im SCM-Verlag, Witten 2008
Andreas Malessa, Hanna Schott: „Warum sind Sie reich, Herr Deichmann? Die Deichmann-Story: über den Umgang mit Geld und Verantwortung", SCM R.Brockhaus im SCM-Verlag, Wuppertal 2006
www.wortundtat.de/wortundtat/de/wortundtat

Dr. Heinz-Horst Deichmann legte den Grundstein zu Europas größter Schuhhandelskette, machte aber auch aus seinem Christsein nie einen Hehl.

65

„Es muss doch noch mehr geben als Leistung"

Jürgen Friedrich wuchs wohlbehütet in einer Bergbausiedlung in Gelsenkirchen auf, in der viele Kinder lebten, und er hätte es sich wohl kaum träumen lassen, dass sein Leben so ganz anders verlaufen würde als das der meisten seiner Freunde.

Aufwachsen im Ruhrgebiet bedeutete in den 60er-Jahren oft Wohnen auf engstem Raum, doch trotz der bescheidenen Wohnverhältnisse seiner Familie verbrachte er eine schöne Kindheit. Es fehlte ihm nie an Spielkameraden. Außerdem verfügte die Region über zahlreiche Vereine, die gute Nachwuchsarbeit leisteten. So kam er eines Tages gemeinsam mit seinem Bruder mit einem bekannten Radsportverein in der Nachbarstadt Gladbeck in Kontakt.

66

Dieser Verein genoss aufgrund seiner vorbildlichen Förderung junger Radtalente einen hervorragenden Ruf, und von da an drehte sich in Jürgens Jugendzeit alles um das Radfahren. Er träumte davon, einmal ein erfolgreicher Sportler zu werden.

1970 erfasste die Bergbaukrise das Ruhrgebiet. Jürgens Vater, der 20 Jahre als Elektriker unter Tage gearbeitet hatte, verlor seine Arbeit, fand jedoch eine neue Stelle in einem Stahlwerk in Troisdorf in der Nähe von Köln. So stand ein Umzug ins Haus, der für Jürgen aber nicht nur einen Schulwechsel erforderte, sondern auch die Möglichkeit bot, sich ausgiebiger dem Radsport zu widmen. Bald erhöhte sich das Trainingspensum, Wettkämpfe kamen hinzu. Mit 16 Jahren nahm er von März bis Oktober jedes Wochenende an Radrennen in Deutschland, den Niederlanden und Belgien teil.

Jürgen träumte davon, einmal ein erfolgreicher Sportler zu werden.

Zwei Jahre später folgte die Aufnahme in die Sportfördergruppe Köln-Longerich, was für ihn einen noch größeren Trainingsaufwand bedeutete. Mit Ausnahme von richtigen Schlechtwettertagen radelte er nun täglich rund 100 Kilometer. Dabei war es für ihn als Abiturienten keine leichte Aufgabe, Schule und Sport unter einen Hut zu bekommen.

Nach dem Abitur entschied er sich, an der Universität Bonn Geodäsie (die Wissenschaft von der Ausmessung und Abbildung der Erdoberfläche) zu studieren, denn die Fächer Mathematik und Erdkunde interessierten ihn besonders. Aufgrund des Studiums blieb nun für das Radfahren immer weniger Zeit, was sich wiederum negativ auf seine Leistung bei den Radrennen auswirkte.

Schließlich kam das Jahr 1980, das insofern ein sehr einschneidendes Jahr war, als er bei verschiedenen Rennen dreimal schwer stürzte. Mitten in diese Zeit hinein brachte ihn ein Wort seiner sonst nicht unbedingt religiösen Mutter sehr zum Nachdenken. Als sie ihn nach einem schweren Sturz mit dem Rad in seinem desolaten Zustand sah, meinte sie, dies sei sicherlich ein Fingerzeig von oben, und sagte: „Jürgen, ich denke, Gott möchte, dass du mit dem Radsport aufhörst."

Er wusste, dass der ständige Erfolgsdruck neben dem Studium schwer durchzuhalten sein würde.

Insgeheim pflichtete er ihr bei, um sich dann nach einiger Überlegung schweren Herzens zu entschließen, aus dem Leistungssport auszusteigen. Er wusste, dass der ständige Erfolgsdruck neben dem Studium schwer durchzuhalten sein würde, da man von Funktionären

68

und Publikum nur Anerkennung bekam, wenn man als Rennfahrer Erfolge vorweisen konnte.

Jürgen wollte sich nun ganz auf sein Studium konzentrieren, fand sich aber plötzlich in einer tiefen Sinnkrise wieder. Wie vielen anderen jungen Studenten hatte es ihn zu Beginn einiges an Kraft gekostet, sich überhaupt an der Uni zurechtzufinden. Mit der Zeit gelang ihm das zwar ganz gut, aber er empfand es als zunehmend bedrückend, dass wieder einmal nur die Bestleistung zu zählen schien, und vieles erinnerte ihn an den Leistungssport. Er wurde immer einsamer, kam sich zeitweise an der Uni buchstäblich verloren vor und begann, depressiv zu werden. Hin und wieder beschlichen ihn sogar Selbstmordgedanken. In jenen Tagen stellte er sich oft die Frage: „Gibt es noch mehr oder ist das alles?" In seiner Not beschloss er, Hilfe zu suchen. Er fragte Fritz, einen Kommilitonen, um Rat, der ihm durch seine Fröhlichkeit auffiel und der ebenfalls leidenschaftlich gern Rad fuhr.

Durch diese Begegnung mit Fritz öffnete sich plötzlich eine ganz andere Welt, denn Jürgen Friedrich traf hier auf einen überzeugten Christen. Er selbst hatte seit seiner Kommunion nicht mehr über geistliche Dinge nachgedacht. Die Art und Weise, wie sein

69

Kommilitone im Uni-Alltag seinen Glauben authentisch lebte, beeindruckte ihn, denn er merkte ihm an, dass er seine Kraft aus dem christlichen Glauben bezog. Bald verbrachten die beiden Studenten viele Sonntage zusammen bei gemeinsamen Unternehmungen. Gleichzeitig begannen sie, miteinander das Johannesevangelium zu lesen. Dadurch erfuhr Jürgen Friedrich immer mehr von Jesus. Als sie im sechsten Kapitel beim „Brot des Lebens" angekommen waren, erkannte er, dass nur Christus seinem Leben einen Sinn geben konnte. Sogar noch mehr als das, denn Jesus Christus verkörperte den Lebenssinn schlechthin.

Durch Fritz lernte Jürgen bei Veranstaltungen einer christlichen Studentengruppe andere Christen kennen, außerdem gingen sie sonntags gemeinsam in den Gottesdienst einer Freikirche. Über befreundete Studenten aus dem Kölner Hochschulbibelkreis von Professor Theodor Ellinger kam er dann zu einem dreiwöchigen Bibelkurs ins Diakonissenmutterhaus Aidlingen in Baden Württemberg, der damals bei jungen Leuten sehr beliebt war.

In Aidlingen geschah es dann auch, dass Jürgen Friedrich eine existentielle Glaubenserfahrung machte. „Die Texte der Evangelien ließen mich mit erschreckender Klarheit erkennen, dass ich ein Sünder war. Mir wurde plötzlich bewusst, was ich alles falsch gemacht hatte und was in Gottes Augen nicht richtig war. Das waren keine leichten Stunden, aber am 16. August 1981 empfing ich großen inneren Frieden, als ich mein Leben unter die Herrschaft Jesu stellte im Vertrauen darauf, dass sein Tod am Kreuz auch meine Schuld gesühnt hat. Ich kehrte als veränderter Mensch nach Hause zurück und begann, Dinge in meinem Leben in Ordnung zu bringen, die unrecht waren. Das setzte eine große Freude in mir frei, die mich begeistert von meiner neuen Erfahrung mit Jesus erzählen ließ. Dadurch kamen einige andere Studenten zum Glauben, woraufhin ich dann zusammen mit meinem Freund einen Studentenbibelkreis gründete. Wir trafen uns mit dieser Gruppe über mehrere Jahre." Mit diesen Worten beschreibt Jürgen seine Erlebnisse in den frühen 80er-Jahren.

„Ich empfing großen inneren Frieden, als ich mein Leben unter die Herrschaft Jesu stellte."

Zweifel an der Existenz Gottes und an der Person Jesu kamen ihm nicht. Das lag daran, dass er sich lange zuvor mit anderen Religionen, mit Philosophie und Esoterik beschäftigt hatte. Was im außerchristlichen Bereich

71

angeboten wurde, schien ihm jedoch alles zu negativ besetzt und zu lebensverneinend zu sein. Schon damals hatte Jürgen den Eindruck: Wenn jemand es schaffen würde, sein Leben zu verändern, dann nur Gott. Und genau das hatte er jetzt persönlich erlebt.

Echter Glaube ist niemals statisch. Je mehr Jürgen in der Bibel las, desto deutlicher begriff er, dass Christus nicht nur sein Erlöser, sondern auch der Herr seines Lebens sein wollte, und zwar über alles: über seinen Körper, die Zeit, das Geld sowie über seine Gaben und Fähigkeiten. „Geben ist seliger als Nehmen" wurde sein Lebensmotto.

Wenn jemand es schaffen würde, sein Leben zu verändern, dann nur Gott.

Eine Reise nach Trabzon in der Türkei, die er mit einem türkischen und einem deutschen Freund unternahm, wurde in dieser Hinsicht wegweisend. Beim Besuch der Universität in Trabzon verspürte Jürgen Friedrich innerlich den Ruf, eines Tages dort zu arbeiten. Zu diesem Zeitpunkt schien dieser Plan völlig unvorstellbar. Zunächst fehlten ihm die akademischen Voraussetzungen für solch eine Tätigkeit, außerdem wünschte er sich eine Partnerin. Ob ihn wohl eine Frau in die Türkei begleiten würde? Vorstellen konnte er sich das alles nicht.

Doch dann entwickelten sich die Dinge auf einmal sehr rasch. Wieder zu Hause in Deutschland, hörte er, dass bei einem Professor eine Doktorandenstelle frei sei. Er bewarb sich und promovierte fünf Jahre später an der Uni Bonn. – Der Grundstein für eine Lehrtätigkeit an einer Universität war gelegt.

Etwa zur gleichen Zeit erfüllte sich ein weiterer Wunsch. Auf einer Hochzeitsfeier in Süddeutschland begegnete er zum ersten Mal seiner zukünftigen Frau. Bei diesem Treffen nahm sie zu seinem Bedauern zwar nur wenig Notiz von ihm, doch ein Jahr später trafen sie sich anlässlich eines Türkischkurses in Istanbul wieder. Gemeinsam mit Freunden aus Köln fuhren sie über Land an den Bosporus, um die Sprache zu lernen. Gleichzeitig lernten sie einander kennen. Noch in der Türkei verlobten sie sich auf einer der romantischen Prinzeninseln vor Istanbul. Im Jahr darauf, am 19. September 1987, wurden die beiden in der Baptistengemeinde Kirchheim/Teck getraut. Als Leitvers für ihre Ehe wählten sie: „Nicht mehr lebe ich, sondern Christus lebt in mir" (Galater 2,20). Gott hatte hier zwei Menschen zusammengeführt, die sich mit ihren Gaben wunderbar ergänzten und als Christen die gleichen Ziele hatten. Beide wollten in der Türkei leben und arbeiten. Doch zunächst ging es auf dem Weg dorthin nach London, da Jürgen noch einige zusätzliche Qualifikationen erwerben und gemeinsam mit seiner Frau im Team einer internationalen Gemeinde Erfahrung sammeln wollte. Erst 1992 war es dann an der Zeit, in die Türkei aufzubrechen – zunächst nach Istanbul, in diese geschichtsträchtige Stadt am Bosporus. Zu diesem Zeitpunkt gehörten bereits drei kleine Kinder zur Familie.

Jürgen Friedrich wusste, dass hier besondere Herausforderungen auf sie warteten. Er selbst hatte es sich zum Ziel gesetzt, in der Arbeitswelt einer Universität in einem Land, in dem man Jesus kaum kannte, bewusst als Christ zu leben. 1993 nahm er eine Stelle als Assistenzprofessor am Erdbebenforschungsinstitut der Bosporus-Universität an und mit Begeisterung widmete er sich der Forschung. Höhepunkte seiner beruflichen Laufbahn waren die Beteiligung an Forschungsprojekten zur Untergrundstabilität der *Hagia Sophia* in Istanbul und zur Entzifferung von Hieroglyphen der Hethiter in Hattusa, der damaligen Hauptstadt der Hethiter rund 150 Kilometer nordwestlich von Ankara. Seine Frau Andrea hingegen kümmerte sich in diesen

Anfangsjahren um die junge Familie mit mittlerweile vier Kindern. Im Laufe der Zeit entwickelte sich ein sehr nettes Verhältnis zu einigen Nachbarn. Besonders eine junge Frau suchte von sich aus den Kontakt zu Andrea und es entstand eine herzliche und intensive Freundschaft zwischen den beiden. Keine zufällige Begegnung, wie sich herausstellte, sondern durchaus von „oben" geplant.

Jürgen Friedrich wusste, dass hier besondere Herausforderungen auf sie warteten.

1996 stand für Jürgen Friedrich der Wechsel an die Technische Hochschule in Trabzon an, wo er im Institut für Technische Informatik arbeiten sollte. Doch aufgrund bürokratischer Hürden verzögerte sich dieser und die Familie musste noch weitere sechs Monate in Istanbul bleiben. Das allerdings sollte einen Grund haben, denn in dieser Zeit vertraute die türkische Freundin ihr Leben Jesus an.

Ähnliches erlebten sie am neuen Ort. Erneut war es faszinierend zu sehen, wie Gott sie mit Menschen in Kontakt brachte, die nur darauf warteten, dass ihnen jemand das Evangelium erklärte. Eines Tages setzte sich eine Christin aus Istanbul auf einer Busfahrt nach Trabzon bei einer Raststätte neben ein Ehepaar, das viele Fragen über Jesus hatte.

75

Kurze Zeit später konnte sie den Kontakt zu Friedrichs herstellen, die sich dann intensiv um dieses Ehepaar kümmerten und auf alle Fragen dieses Paares zu Jesus und der Bibel eingingen. Schließlich kamen sie zum Glauben an ihn und ließen sich später taufen. Natürlich sahen die Behörden so etwas in diesem islamisch geprägten Land nicht gern.

Zwar herrscht Religionsfreiheit in der Türkei, aber die prägende Religion ist der Islam. So hatte die Gründung einer christlichen Hausgemeinde in Trabzon zur Folge, dass Jürgens Arbeitsvertrag nicht mehr verlängert wurde – die Friedrichs mussten den Ort verlassen und nach Ankara ziehen. Trotzdem erlebten sie auch bei diesem Schritt Gottes Fürsorge und seine Führung.

Bald sollte sich herausstellen, dass der Zeitpunkt des Ortswechsels für die Kinder genau der richtige war. Sie hatten bis dahin die türkische Schule besucht und konnten nun in die deutsche Schule gehen, was sich als entscheidend für ihre berufliche Zukunft erwies. Jürgen Friedrich musste sich jedoch in dieser Zeit beruflich neu orientieren. Er arbeitete an verschiedenen Schulen als Mathematiklehrer; in den letzten Jahren wechselte er an eine deutsche Schule. Seine Frau half mit, in einer christlichen Gemeinde ein Schulungsprogramm aufzubauen, das jungen Christen die Grundlagen des Glaubens in Theorie und Praxis vermittelt.

Dennoch – so erfüllend die Aufgaben, so märchenhaft die Landschaft, so freundlich die Menschen waren und sosehr sie Gottes Schutz erlebten, immer wieder mussten weise Entscheidungen gefällt werden, nicht zuletzt, um niemanden zu gefährden. Nach dem Mord an drei Christen in Malatya und einer damit einhergehenden Morddrohung, die Jürgen Friedrich erhielt, wollte die Schule ihn nicht länger beschäftigen, da die deutsche Botschaft ein zu großes Sicherheitsrisiko sah.

Familie Friedrich ließ bald darauf das faszinierende Land zurück, dessen Menschen sie trotz aller Andersartigkeit liebgewonnen hatten, und Jürgen Friedrich fand eine Stelle als Lehrer in der multikulturellen Stadt Frankfurt.

15 oft nicht leichte Jahre lagen nun hinter ihnen. Und warum hatten sie es trotz aller Schwierigkeiten auf sich genommen, so lange in der Türkei zu bleiben? „Tiefe Beziehungen waren entstanden. Türkische Christen sind von einer großen Herzlichkeit und von enormem Zusammenhalt geprägt, da der soziale Druck sehr groß ist. So kann es massive

Konsequenzen haben, Christ zu werden. Zudem war uns bewusst, wie schwer es Menschen zu Beginn ihres Glaubenslebens dort haben und wie nötig Begleitung durch reifere Christen über einen sehr langen Zeitraum ist", lautet Jürgen Friedrichs Antwort.

Es muss mehr geben, hatte sich Jürgen Friedrich einst gesagt, als er im Leistungssport und an der Uni den Eindruck hatte, dass der Wert eines Menschen für viele allein von seinen Erfolgen abzuhängen schien. Seine Suche nach jenem „Mehr" hatte sich gelohnt. Er hatte herausgefunden, dass Jesus ihn bedingungslos liebt, und hatte seine konkrete Führung erlebt, als er sich ihm vorbehaltlos anvertraute. „Geben ist seliger als nehmen" – dieses Lebensmotto aus der Bibel hat zu einem absolut spannenden Leben, aber auch zur Entfaltung seiner Gaben geführt. Es lohnt sich, ihm zu vertrauen, auch wenn unser Leben durch Druck und Bedrohung an Grenzen gerät.

Dr. Jürgen Friedrich ist nach längerem Aufenthalt in der Türkei heute in Deutschland als Lehrer tätig.

78

Was tun, wenn alles über uns zusammenbricht?

Wo suchen wir Hilfe, wenn Ängste uns plagen, wenn wir von Schwierigkeiten und Schicksalsschlägen in die Knie gezwungen werden? Lohnt es sich, in solchen Situationen Gott zu vertrauen und unsere ganze Hoffnung auf ihn zu setzen?

Walter Paulsen ist davon fest überzeugt; er hat in seinem Leben hautnah erfahren, dass es weitergehen kann, wenn alles ins Wanken gerät, was man sich mühsam aufgebaut hat. Er gehört zu den Menschen, die das Ruhrgebiet lieben. Auch wenn er heute nicht mehr in seiner Geburtsstadt Gelsenkirchen wohnt, hängt sein Herz noch sehr daran. Selbst nach vielen Jahren sind die Erinnerungen noch lebendig.

Seine Vorfahren kamen einst nach Gelsenkirchen, um wie viele in einer der zahlreichen

Zechen Arbeit zu finden. Aufgewachsen im schönen, weiten und ländlichen Ostpreußen, lebten sie eines Tages mit vielen anderen Mietern in einem mehrstöckigen Wohnblock. Kalt. Unbehaglich. Ungemütlich. Mit 20 Prozent Fremdarbeitern war die Zahl der Neubürger in dieser Region recht hoch und viele Landsleute mussten Diskriminierung von Seiten der Einheimischen erleiden. Ihr Name Pawlowsky war kein ungewöhnlicher Name für diese Gegend mit ihren vielen Arbeitsuchenden. Denn viele Menschen, deren Nachnamen auf „ky" oder „ki" endeten, hatten dasselbe Ziel – oft hörte man die Bezeichnung „Ruhrpolen". Um sich die Integration zu erleichtern, nahm seine Familie den Namen Paulsen an in der Hoffnung, hier Anschluss zu finden und nicht gleich abgestempelt zu werden.

In Walter Paulsens Kindheit gehörte dieses Problem glücklicherweise bereits der Vergangenheit an. Unbeschwert war sie. Er hatte viele gleichaltrige Spielkameraden und an Abenteuern mangelte es erst recht nicht. Schon lange war der Krieg vorbei, aber die stummen Zeugen aus den einstigen Bombennächten gehörten damals noch zum Stadtbild. Allerdings – für die Jungen zählte nur das Abenteuer – boten doch die Häuserruinen den perfekten

Spielplatz, um seinen Mut unter Beweis zu stellen. Man konnte nach Herzenslust hämmern und toben und sich herrliche Geschichten ausdenken. Die Gefahren verdrängten die Jungen völlig. Doch eines Tages änderte sich das mit einem Schlag. Die Jungen waren wie gewohnt in einem Trümmerhaus am Werk, spielten ausgelassen und fröhlich, als sie plötzlich auffällig laute Knackgeräusche hörten. Walter Paulsen wusste sofort, was das bedeutete. Das Haus würde zusammenstürzen und sie alle unter sich begraben. Er handelte schnell. Mit einem Freund sprang er kurzerhand mutig aus dem Fenster. Kurz darauf stürzte hinter ihnen das Gebäude zusammen. Wie durch ein Wunder konnten sich alle aus dem Schutt befreien und keiner wurde ernsthaft verletzt. Dankbarkeit machte sich bei ihm breit. Jemand Größeres, Höheres hatte die Hand über sie gehalten und ihr Leben bewahrt.

Möglicherweise hat ihm seine Kindheit zwischen Schloten und Schornsteinen eine besondere Art von Lebenstüchtigkeit vermittelt. So schnell schien ihn im Leben später nichts mehr umzuhauen. Oft genug erlebte

> Das Haus würde zusammenstürzen und sie alle unter sich begraben.

81

er Situationen, in denen er das Gefühl hatte, dass alles über ihm zusammenstürzen würde. Situationen, in denen man ebenfalls eine Art rettendes Fenster brauchte, um der Katastrophe zu entfliehen. Vielleicht wurde es ihm in die Wiege gelegt, in ebensolchen Situationen allen Schwierigkeiten zum Trotz nach Lösungen zu suchen und nicht aufzugeben. Dabei war es ihm schon als kleinem Jungen wichtig, sich bei Gott geborgen zu wissen.

Seinen ersten Schritt auf Gott zu machte er mit neun Jahren. Er hatte bei einem heftigen Unwetter große Angst. Nicht ungewöhnlich. Selbst Luther erlebte bei einem Gewitter große Todesangst und wusste plötzlich, dass er dem Allmächtigen noch nicht begegnen konnte. An jenem Abend hatte sich Walter Paulsen geweigert, seine Eltern zu einer großen christlichen Veranstaltung in Gelsenkirchen zu begleiten. Normalerweise hatte er keine Probleme, allein zu Hause zu bleiben, doch dann zogen auf einmal tiefschwarze Wolken auf. Es blitzte und donnerte ganz fürchterlich und Walter bangte um sein Leben. Zusätzlich plagte ihn jetzt das schlechte Gewissen, weil er sich geweigert hatte, mit seinen Eltern zu dieser Veranstaltung zu gehen. In seiner Einsamkeit allein zu Hause ergriff ihn jetzt Panik, und da er

82

keinen anderen Rat wusste, begann er zu beten. Wer zudem wie er in einem christlichen Elternhaus aufgewachsen war, kannte natürlich die Lehre vom ewigen Leben ziemlich genau. Diese Kinder wussten ganz klar, dass sie ohne ein Ja zu Jesus Christus, der als Erlöser für die Menschen auf die Welt gekommen war, und ohne seine Sündenvergebung keine Chance hätten, ewig zu leben. Und weil Walter unbedingt in diesen Himmel wollte, betete er in seiner Verzweiflung zu Jesus, dass er ihn retten sollte.

Es blitzte und donnerte ganz fürchterlich und Walter bangte um sein Leben.

Es dauerte nicht lange, da sollte er merken, dass er nicht in einen luftleeren Raum gebetet hatte. Er war zwar erst neun Jahre alt, aber er erkannte trotzdem, dass er es hier mit einer Realität zu tun hatte. Innerlich spürte er: Jesus lebte und er erhörte sein ernst gemeintes Gebet. In seiner kindlichen Welt durfte er erleben, dass der Glaube an Gott ihm nicht nur die Angst nahm, sondern ihn auch irgendwie veränderte.

Dabei konnte er ziemlich genau sagen, was Unrecht war und was man lieber hätte sein lassen sollen. Zum Beispiel liebte er Kinofilme sehr, und so hatte er oft Geld gestohlen, um den Eintritt zu bezahlen. Damit war

83

jetzt Schluss. Er besuchte nun regelmäßig und gern die Jungschar und die Pfadfindergruppe in seiner christlichen Gemeinde. Erfreulicherweise kamen besonders viele Mitschüler mit und nahmen die Angebote der christlichen Jugendarbeit in seiner Gemeinde wahr, obwohl etliche von zu Hause kaum Kirchen- oder Gemeindeanbindung hatten.

Ursprünglich hatte die Angst ihn dazu gebracht, Jesus Christus um Rettung seines Lebens zu bitten, aber im Verlauf der kommenden Zeit begriff er immer mehr vom christlichen Glauben, gleichzeitig wandelte sich sein Gottesbild. Er erkannte Schritt für Schritt, dass Gottes Liebe auch ihm ganz persönlich galt, und diese Tatsache überwältigte ihn. Als er eines Tages mit dreizehn oder vierzehn Jahren an einer Freizeit im „Haus Friede" in Hattingen teilnahm, sprachen ihn die Bibelarbeiten so sehr an, dass er zusammen mit seinem Freund den Freizeitleiter um ein Gespräch bat. Vor einem anderen Menschen zu bekennen, dass Jesus Herr seines Lebens sein sollte, brachte ihm eine ganz große innere Befreiung und Stärkung. Es wurde ihm ganz neu wichtig, dass echtes Christsein in

Er erkannte Schritt für Schritt, dass Gottes Liebe auch ihm ganz persönlich galt.

84

der Beziehung mit dem lebendigen Christus gelebt wird. Und in dieser lebendigen Verbindung mit Jesus wollte er leben.

Wieder ging dieser Schritt mit einer inneren Veränderung einher. „Ich war damals glühender Fußballfan und liebe den Fußball auch heute noch sehr, aber von da an war er für mich nicht mehr die Nr.1 in meinem Leben, hinter der alles andere zurückstehen musste", berichtet er.

Dennoch, Glaubensprüfungen ließen nicht auf sich warten und Herausforderungen galt es zu meistern. Und jedes Mal erwiesen sich Gottes Kraft und Bewahrung als stärker. Genau wie damals in den Trümmern schien Gott über Walter zu wachen, und der Glaube an ihn gab ihm Kraft, sich dem Gegenwind zu stellen, trotz Anfechtungen am Glauben festzuhalten. Er erlebte dies vor allem, als in seiner Jugendzeit die sogenannten 68er den Ton angaben. In dieser Zeit wurde fast alles an Werten hinterfragt, was bis dahin gegolten hatte. Auch er schien vorübergehend davon fasziniert, aber die Phase war glücklicherweise sehr kurz.

Christliche Freikirchen waren damals eher traditionell geprägt, die Jugendarbeit meist wenig kreativ und abwechslungsreich. Trotzdem gehörten die Gottesdienste und der

85

Jugendkreis zu Walter Paulsens Leben, genauso wie christliche Freizeiten. Auf einer Osterfreizeit der Gemeinde lernte er mit 16 Jahren seine spätere Frau kennen. Sie kam aus einem ähnlichen Hintergrund wie er selbst und war auch mit neun Jahren zum Glauben gekommen. Eine Predigt hatte sie auf einer christlichen Großveranstaltung so angesprochen, dass sie am gleichen Abend ihr Leben Jesus anvertraute. Ungefähr zur gleichen Zeit ließen sich die beiden Teenager auf ihren Glauben hin taufen. Aus Freundschaft wurde die große Liebe. Mit der Zeit merkten sie, dass sie füreinander bestimmt zu sein schienen, und heirateten mit Anfang 20. Bald wurden sie glückliche Eltern von zwei Kindern. Dabei blieb ihr Trauspruch unvergessen. Er sollte ihnen in allen Lebenslagen Wegweisung bleiben: „Befiehl dem HERRN deine Wege und hoffe auf ihn" (Psalm 37,5; Lut).

Auch in der Berufswahl spürte Walter Paulsen, dass Gott ihn ganz praktisch führte. Nach einer kaufmännischen Lehre schloss er noch die Prüfung zum Betriebswirt ab. Er merkte schnell, dass seine Gaben hier am besten zur Entfaltung kamen. Er liebte es, Dinge zu verbessern und voranzubringen.

Aus Freundschaft wurde die große Liebe.

So öffnete sich für ihn vor einigen Jahren die Möglichkeit, Mitarbeiter der Bundesbehörden in Organisationtechnik zu schulen und sie in betrieblichen Prozessen zu begleiten. Doch wenn er auch beruflich kompetente Lösungen präsentieren musste, hieß das nicht automatisch, dass er im persönlichen Leben bei Schwierigkeiten und Nöten immer eine Antwort wusste.

Er durchlebte Zeiten des Zweifels am eigenen Glauben, aber in diesen Anfechtungen lernte er ebenso, sich an die Fakten zu halten. Das erwies sich als sehr fruchtbar. In diesen Turbulenzen spürten er und seine Frau, dass sie eine feste Basis brauchten, auf die sie sich stützen konnten. Gefühle durften ihr Leben als Christen nicht bestimmen – auch keine religiösen. Ihnen wurde klar, dass Christen guten Grund haben, von der Zuverlässigkeit der Bibel auszugehen. „Weil das Leben, Sterben und die Auferstehung Jesu Christi historische Tatsachen sind, haben wir als gläubige Christen eine begründete Hoffnung auf ewiges Leben. Auf diesen Fakten muss unser Glaube ruhen. Dazu

Er durchlebte Zeiten des Zweifels am eigenen Glauben, aber in diesen Anfechtungen lernte er ebenso, sich an die Fakten zu halten.

87

gehört, dass man Gottes Aussagen bedingungslos vertrauen und sie persönlich für das eigene Leben in Anspruch nehmen muss. In den Stunden der Not, die in unserem Leben recht zahlreich waren, bedeuteten sein Wort und seine Zusagen für uns stets eine einzigartige Kraftquelle", bekennt Walter.

Mehrmals musste man sich in der Familie mit der schrecklichen Diagnose „Krebs" auseinandersetzen. Es sind schlimme Tage, wenn Angehörige durch das tiefe Tal von Operation und Chemotherapie gehen müssen. Besonders hart traf es den mehrfachen Großvater, als nach der großen Freude über die Geburt der Enkeltochter in den ersten Jahren immer deutlicher wurde, dass das kleine Mädchen nicht sprechen lernte. Schließlich bestand kein Zweifel mehr an einer bleibenden Sprachbehinderung; das Mädchen würde immer auf fremde Hilfe angewiesen sein.

Mehrmals musste man sich in der Familie mit der schrecklichen Diagnose „Krebs" auseinandersetzen.

Auch an ihm selbst ging die Krankheitsnot nicht vorüber. Eines Tages wurde er selbst mit einem erschreckenden Befund konfrontiert. Freunden entging es nicht, dass etwas mit seinem linken Arm nicht stimmte. Daraufhin baten sie ihn

88

mit Nachdruck, eine mögliche neurologische Krankheit abklären zu lassen. Leider bestätigte sich ihre Vermutung und es bestand kein Zweifel mehr an seinem Parkinsonleiden.

Die Tage, in denen sich nach Hoffen und Bangen gravierende Diagnosen erhärten, vergisst niemand so schnell. Auch der Glaube der Familie Paulsen wurde auf den Prüfstand gestellt. Verständlich, dass eine Welt zusammenzubrechen drohte. Schock und Lähmung machten sich breit. Doch irgendwie musste das Leben weitergehen. Walter wusste: Verzweifeln nützt nichts, vielmehr ist es jetzt wichtig, sich vertrauensvoll in die Hände der Ärzte zu geben und zu lernen, geduldig zu sein.

In der Konfrontation mit Leid hat es sich gelohnt, dass Walter und seine Frau immer wieder der Aufforderung ihres Trauspruches folgten: „Befiehl dem HERRN deine Wege und hoffe auf ihn!" Wie sah das aus? Ihnen blieb nichts anderes übrig, als getragen von der Fürbitte ihrer Freunde kindlich Gottes Hand zu erfassen und weiter zu vertrauen, dass er alles gut machen würde. Ihre Hoffnung nicht aufzugeben und zu vertrauen hat sich gelohnt. Sie erlebten tiefen Frieden in ihren schweren Lebensumständen. „Gott ist da, wenn wir an Grenzen stoßen", stellen sie rückblickend fest.

Warum Gott das zuließ, fragte Walter Paulsen sich trotzdem oft angesichts von so viel persönlicher Not. Dann kam ihm der Gedanke: *Ein Schöpfer, der uns mit einem perfekten Körper und einer perfekten Gesundheit geschaffen hat, leidet mit uns, wenn unser Körper so zerstört wird.*

Persönlich empfindet er es als ein Geschenk, wenn man wie er gute ärztliche Hilfe bekommt und die Tabletten verträgt. Auf diese Weise hat er durch die Krankheit keinerlei Einschränkungen.

Angesichts von Schwierigkeiten zu resignieren war für ihn immer die falsche Lösung. Er beschloss, dass selbst die kläglichste Tagesform, die schlechteste Nachricht nicht den Blick in die Zukunft rauben darf. „Richtet doch euer Herz auf die Zeit von diesem Tag an und darüber hinaus", so lautet eine alttestamentliche Bibelstelle, die Walter Paulsen sehr viel bedeutet (Haggai 2,18). Ein anderer Vers, den er liebt, weil er so zukunftsorientiert ist, steht in den Sprüchen: „Aber der Pfad der Gerechten ist wie das glänzende Morgenlicht, heller und heller erstrahlt es bis zur Tageshöhe" (Sprüche 4,18).

Passiv auf das sich andeutende Unheil zu warten kann seiner Meinung nach tragisch

90

ausgehen. Es hilft generell nicht, sich regungslos auf Hadern zu beschränken. Auch kostet es lebenswichtige Zeit, erstarrt zurückzuschauen, wenn man sich in Sicherheit bringen sollte. Sinnvoller ist es, die schwere persönliche Situation, den eventuellen schlimmen Krankheitsbefund schnell anzunehmen, um dann beherzt für Lebensqualität zu kämpfen und Lösungen zu finden, wie es weitergehen kann. Zu Lebzeiten aufgeben und resignieren sieht Walter als sinnlos, denn erst der Tod ist die Trennung vom Leben.

Glücklicherweise schenkt uns Jesus die feste Zusicherung, dass der Tod nicht das Ende ist.

Für ihn sind selbst dann, also im Tod, Christen nicht ohne Trost – auch wenn die Bibel das Sterben als schwer beschreibt.

Glücklicherweise schenkt uns Jesus die feste Zusicherung, dass der Tod nicht das Ende ist. Denn er hat gesagt: „Ich bin der Weg, die Wahrheit und das Leben" (Johannes 14,6). Walter Paulsen macht an diesem Vers seine berechtigte Hoffnung auf ein ewiges Leben fest. Er weiß: Niemand sonst hat diese Behauptung je erhoben und niemand führte solch ein Leben wie Jesus. Schon als kleiner Junge wollte er sich den Platz im Himmel sichern und betete. Bereut hat er es nie.

„Im Gegenteil: Heute weiß ich aufgrund meiner Erfahrung präziser, wie tragfähig der Glaube ist. Weil Christus für mich gestorben ist, ist Gott mir nicht mehr fern. Ich kann ständig mit ihm im Gebet verbunden sein, um ihm alles zu sagen, was auf meinem Herzen ist", erklärt er seine Überzeugung.

Walter Paulsen arbeitet als Berater und Dozent mit Lehrauftrag für Betriebsorganisation an der Bundesakademie für öffentliche Verwaltung.

Nachwort

Immer wieder erleben Menschen Zeiten, in denen der Himmel schwarz und das Leben bedrückend scheint. Die Menschen, die mir in diesem Buch ihre Geschichte erzählten, haben erfahren, was es heißt, mit dem Rücken an der Wand zu stehen. Sie zeigen aber auch, dass es keine fromme oder kirchliche Erziehung braucht, um Hilfe bei Gott zu suchen. Ihr ehrliches Suchen führte sie zu Jesus als Retter von Schuld und der Weg zu Gott. Sie erfuhren: Wer in einer Lebensgemeinschaft mit ihm lebt, der erfährt Veränderung, „der Himmel ist nicht mehr schwarz".

Manche, von denen im Buch berichtet wird, sind nun schon lange überzeugte Christen und wurden in eine Familie geboren, in der über Generationen Christsein bewusst gelebt

93

wurde. Doch auch sie kannten ausweglose Situationen und dunkle Stunden. Ihre Erfahrung der Tragfähigkeit des Glaubens in Grenzerfahrungen und Zweifeln zeigt, dass Christsein nicht nur etwas für sonntags und die Tradition ist, sondern unser Trost im Leben und Sterben sein will. Auch für Sie.

Hartmut Jaeger (Hrsg.)

Gott lässt sich erleben
20 persönliche Berichte

Tb., 64 Seiten

Gott lässt sich erleben. Davon zeugen die Berichte in diesem Buch. Insgesamt 20 kurze Geschichten erzählen davon, wie Menschen in ihrem Leben die Realität Gottes und seines Wirkens erfahren durften.

Best.-Nr. 271.025
ISBN 978-3-86353-025-9

Wolfgang Seit (Hrsg.)

Ich wollte einfach glücklich sein
Persönliche Berichte von Menschen,
die Gott gefunden haben

Tb., 96 Seiten

Wer will das nicht – einfach glücklich sein? Doch wo findet man das echte Glück? Lesen Sie die persönlichen Berichte von Menschen, die auf der Suche waren nach dem Sinn des Lebens, nach echter Erfüllung und wahrem Glück – und die es auch gefunden haben.

Best.-Nr. 271.025
ISBN 978-3-86353-025-9